Le Nouveau Baccalauréat

DU MÊME AUTEUR

LES CARRIÈRES DE LA JEUNE FILLE

Un volume in-18 jésus........................ 3 fr. 50

PAUL BASTIEN

RÉDACTEUR AU MINISTÈRE DES TRAVAUX PUBLICS

Le Nouveau Baccalauréat

LES CARRIÈRES AUXQUELLES IL DONNE ACCÈS

CONSEILS AUX PARENTS ET AUX ÉLÈVES

PARIS

ALBERT FONTEMOING, ÉDITEUR

4, RUE LE GOFF (5me)

1903

AVANT-PROPOS

Les nouveaux programmes de l'enseignement secondaire, assoupli et mieux accordé avec les besoins de la vie moderne, n'ont pas laissé de causer, dès leur apparition, quelque embarras et quelque inquiétude :

Embarras chez les élèves, qui ne savent le plus souvent quelle voie choisir, dans la division, en cycles et en sections, ingénieuse mais compliquée, du nouvel enseignement ;

Inquiétude chez les parents, qui, la voie une fois choisie par leur fils, ignorent les issues auxquelles elle donne accès.

*
* *

C'est pour parer à ces deux inconvénients qu'ont été écrites les pages qui suivent.

On y trouvera tout d'abord un *plan synoptique* du nouvel enseignement secondaire et un commentaire pratique des connaissances acquises par l'élève au cours des différents cycles et sections que comporte cet enseignement.

Les épreuves du baccalauréat qui le termine en le sanctionnant y sont également expliquées.

D'autre part, les principales carrières auxquelles mènent le plus logiquement les différentes sections de l'enseignement secondaire sont indiquées après le commentaire du programme de chacune d'elles.

*
* *

Nous disons au jeune étudiant :

Vous ambitionnez telle situation ? — Voici ses avantages, ses inconvénients et ce qu'elle réclame de vous. — Une fois documenté sur votre but, si vous persistez à l'atteindre, prenez telle route.

C'est en un mot le *Guide du Nouvel Enseignement secondaire* que nous avons voulu faire, un guide très simple, dégagé de tout détail technique et utile à consulter en famille, un guide où les *principales carrières* auxquelles mène l'enseignement secondaire sont indiquées en même temps que rapportées à leurs différents points de départ : *les sections de cet enseignement.*

P. B.

LE NOUVEAU BACCALAURÉAT

CHAPITRE PREMIER

LES ANCIENS BACCALAURÉATS ET LE NOUVEAU BACCALAURÉAT

§ I

LES ANCIENS BACCALAURÉATS

Avant le décret du 31 mai 1902, on se trouvait en présence de deux baccalauréats, résultant de deux enseignements distincts :

A. D'une part, *le baccalauréat et l'enseignement classiques*, proprement dits, qui prenaient les élèves à partir des classes primaires pour les conduire tout d'abord jusqu'à la *rhétorique* inclusivement, puis les divisaient en deux sections : la *philosophie* et les *mathématiques élémentaires*.

Dans l'enseignement classique ainsi constitué, le grec et le latin, jusqu'à la rhétorique comprise, étaient imposés à tous, au détriment de connaissances plus pratiques, telles que les sciences et les langues vivantes, dont l'étude était peu développée.

Cet enseignement conduisait aux grandes écoles, ainsi qu'aux facultés des lettres, des sciences, aux écoles de droit, de médecine, de pharmacie. Il ne préparait pas aux situations pratiques du commerce et de l'industrie.

B. D'autre part, le *baccalauréat et l'enseignement modernes* qui menaient les élèves à une première épreuve, subie après la seconde moderne et leur offraient, au sortir de cette épreuve, les deux classes de *première moderne sciences* et de *première moderne philosophie.*

Dans cet enseignement, le grec et le latin n'avaient point de part, au bénéfice des sciences et des langues vivantes qui s'y trouvaient plus développées.

Il conduisait aux grandes écoles, ainsi qu'à la faculté des sciences. Mais les portes de la faculté des lettres, les écoles de droit et de médecine se trouvaient fermées aux bacheliers de l'enseignement moderne. Et cet inconvénient n'était pas compensé par la préparation plus directe que recevaient les élèves de l'enseignement moderne pour le commerce et l'industrie.

Cet enseignement se trouvait ainsi placé dans un état d'infériorité vis-à-vis de l'enseignement classique, puisqu'il offrait moins de débouchés que celui-ci.

Ainsi, d'après l'ancien programme, *l'unité de l'enseignement secondaire n'était pas réalisée.* Une fois engagé dans le cycle moderne, l'élève ne pouvait plus en sortir que très difficilement, puisqu'il lui eût fallu doubler les étapes pour le grec et le latin, et il se fermait ainsi, dès l'âge de dix ans, des carrières qui auraient pu le séduire plus tard. Tel qui veut être officier, dans son enfance, ne souhaite-t-il pas, à vingt ans, d'être avocat ou médecin ?

***

Ce dualisme de l'enseignement secondaire n'était pas son moindre défaut : au cours des six années d'études qu'il offrait, tant dans le moderne que dans le classique, il était dépourvu en effet de toute issue. Ces deux sections formaient comme deux couloirs, distincts à tout jamais l'un de l'autre, et qui ne permettaient pas à l'écolier de *changer la marche de ses études, si ses dispositions naturelles ou les circonstances de la vie l'y engageaient.*

Nous avons montré l'élève des *classes modernes* à tout jamais incapable de devenir médecin ou avocat. Des embarras analogues s'offraient à l'élève du *classique*. Il était condamné, dès la dixième année, à devenir un lettré, capable de traduire Homère ou Virgile, ou à ne rien être du tout. Se sentait-il vers la quatrième ou la troisième de l'indifférence pour l'agrément solide de la culture classique, s'endormait-il sur les commentaires de César ou les discours de Démosthène? Peu importait. Il lui fallait attendre la fin de la rhétorique pour déposer l'inutile fardeau d'humanités mal faites. Et il sortait de ce long couloir où il n'avait rencontré, que pour les malmener, les auteurs classiques, ignorant de toutes choses, grec, latin, sciences, langues vivantes. Il en sortait sans un bagage, si petit qu'il fût, de connaissances solides, trop âgé pour acquérir celles-ci désormais et incapable de se tourner vers d'autres situations que celles dites *libérales*, vers lesquelles on l'avait dirigé tout d'abord.

Dépourvu d'unité, l'enseignement secondaire, tel qu'il était réglé par les anciens programmes, risquait donc pour un bon nombre d'élèves passables, de manquer de valeur pratique. Il parquait les enfants, dès le début de leurs études, dans certains domaines d'activité, d'où ils ne pouvaient s'éloigner sans préjudice puisqu'ils n'étaient pas préparés à entrer dans d'autres. A seize ans, l'avocat manqué risquait de faire, à tout jamais, un piètre ingénieur ou un commerçant incomplet. Et de même, le futur industriel qui, en seconde moderne, à la lecture de Corneille ou de Victor

Hugo, ou en composant une modeste dissertation française, s'était senti du goût pour les exercices plus spéculatifs de la pensée, répugnait à décliner « *Rosa : La rose* », pour reprendre la carrière d'avocat, de professeur ou de médecin.

C'est pour répondre notamment aux critiques que nous venons de signaler, que fut institué le *nouveau baccalauréat*.

En montrant comment il y a réussi, nous croyons pouvoir en indiquer nettement *l'esprit et les tendances.*

§ II

LE NOUVEAU BACCALAURÉAT

Ce titre même indique tout d'abord que le législateur a voulu réaliser, *du moins quant aux résultats*, l'unité de l'enseignement secondaire.

Le décret du 31 mai 1902 a substitué *un seul baccalauréat aux anciens baccalauréats*. Ce baccalauréat unique est divisé, sans doute, en plusieurs diplômes ; mais chacun d'eux offre les mêmes issues, c'est-à-dire toutes.

« Entre deux cours d'études désormais égaux et des épreuves équivalentes, dans lesquelles la connaissance du grec et du latin sera remplacée par une connaissance approfondie des sciences et des langues vivantes, il n'y a plus de raisons d'établir d'inégalités au point de vue des sanctions. Tous les diplômes secondaires doivent conférer les mêmes droits.

« Il est clair d'ailleurs que certaines études supérieures resteront interdites à certains bacheliers à raison même de leur genre d'études secondaires. Celui qui n'a pas étudié le grec ne s'inscrira pas comme candidat à la licence ès lettres. Mais précisément à cause de cela, il est superflu de le lui interdire, à raison de la nature de son diplôme. Si quelque bachelier de l'ordre scientifique se présente pour les études de la licence ès lettres, c'est qu'il aura appris le grec en particulier. Dès lors, il ne serait pas juste d'y mettre obstacle. L'exception sera rare, elle mérite d'être encouragée [1]. »

Ainsi toutes les carrières dont on n'ouvre la porte qu'avec, dans la main, le parchemin du baccalauréat, sont accessibles à qui possède un diplôme quelconque du *nouveau baccalauréat*.

Cette égalité de traitement, entre tous les diplômes de l'enseignement secondaire, n'est pas le seul mérite du nouveau baccalauréat.

Nous allons voir en effet que l'enseignement secondaire, qui aboutit à cette épreuve multiforme, est lui-même divisé en plusieurs avenues communiquant entre elles et marquées d'étapes d'où l'individu peut entrer dans la vie, ayant appris autre chose que des commencements, emportant un bagage, modeste sans doute, mais formant un ensemble complet en soi et utilisable.

Par suite, l'enfant de dix ans n'engage pas sa vie pour des carrières qui peuvent lui déplaire plus tard, puisque les divers compartiments de l'enseignement secondaire communiquent entre eux; il est en outre ménagé des sorties en cours de route aux plus pressés ou aux moins capables. Ces avantages seront expliqués par le tableau synoptique et les commentaires du chapitre suivant.

---

1. Lettre du ministre de l'Instruction publique au Président de la Commission de la Chambre des députés.

§ III

DISPOSITIONS TRANSITOIRES

Les dispositions qui vont être expliquées plus loin sont appliquées depuis octobre dernier, dans toute la série des classes, de classe enfantine à la seconde inclusivement.

A partir d'octobre prochain, elles seront appliquées, dans toutes les classes, jusqu'à la rhétorique inclusivement.

A partir d'octobre 1904, elles seront appliquées dans toutes les classes.

CHAPITRE II

LE NOUVEAU PROGRAMME DE L'ENSEIGNEMENT SECONDAIRE

§ I

APERÇU DU PROGRAMME

L'enseignement secondaire réorganisé comprend :

1° Un *cours préparatoire* à l'enseignement secondaire, d'une durée de quatre ans; — (De sept à onze ans);

2° Un *premier cycle*, divisé en deux sections, d'une durée de quatre ans ; — (De onze à quinze ans) ;

Après le premier cycle, certificat d'études secondaires, correspondant à chaque section;

3° Un *second cycle*, divisé en quatre sections, d'une durée de trois ans ; — (De quinze à dix-huit ans).

Après la deuxième année de ce cycle, première partie du baccalauréat (un diplôme pour chaque section); après la troisième année, deuxième partie du baccalauréat (un diplôme pour chaque section).

§ II

COMMENTAIRE DU PROGRAMME

A. — Cours préparatoire

Dans ce cours, qui dure quatre années, les élèves reçoivent l'enseignement primaire, tel qu'il est donné dans les écoles primaires proprement dites. Cet enseignement comprend :

Une division préparatoire :

1re année (*ancienne* 10e) ;
2e année (*ancienne* 9e).

Une division élémentaire :

Classe de huitième ;
Classe de septième.

B. — Premier cycle

Dans le **premier cycle**, les élèves ont le choix entre *deux sections*.

Dans l'une sont enseignés, indépendamment des matières communes aux deux sections, le *latin*, à titre obligatoire, dès la première année (classe de sixième) et le *grec*, *à titre facultatif*, à partir de la troisième année (classe de quatrième).

Dans l'autre, qui ne comporte pas l'enseignement du latin et du grec, il est donné plus de développement à l'enseignement du *français*, des *sciences*, du *dessin*, etc.

Dans les deux sections, les programmes sont organisés de telle sorte que l'élève se trouve, à l'issue du premier cycle, en possession d'un ensemble de connaissances formant un tout et pouvant se suffire à lui-même.

A l'issue du premier cycle, un *certificat d'études secondaires* du premier degré peut être délivré aux élèves, en raison des notes obtenues par eux, durant ces quatre années d'études et après délibération des professeurs dont ils ont suivi les cours.

Les aspirants au baccalauréat ont la faculté de produire ce certificat devant le jury ; il en est tenu compte, dans les mêmes conditions que du livret scolaire, pour l'admissibilité et pour l'admission.

C. — Second cycle

Dans le **second cycle**, *quatre groupements* de cours principaux sont offerts à l'option des élèves, savoir :

1° *Le latin avec le grec;*

2° *Le latin avec une étude plus développée des langues vivantes;*

3° *Le latin avec une étude plus complète des sciences;*

4° *L'étude des langues vivantes unie à celle des sciences, sans cours de latin.*

Cette dernière section, destinée normalement aux élèves qui n'ont pas fait de latin, dans le premier cycle, est ouverte aussi aux élèves qui, ayant suivi les cours de latin, dans le premier cycle, ne continuent pas cette étude, dans le second.

Comme nous l'avons dit, ce cycle est coupé en deux par l'étape de la *première partie du baccalauréat*, après

1*

la classe de *première* (*ancienne rhétorique*). Il se termine sur la *seconde partie du baccalauréat*, soit après la classe de *philosophie*, soit après la classe de *mathématiques* (ancienne classe de *mathématiques élémentaires*).

§ III

TABLEAU DES MATIÈRES ENSEIGNÉES, CLASSE PAR CLASSE, DANS L'ENSEIGNEMENT SECONDAIRE ET INDICATION DES HEURES QUI LEUR SONT AFFECTÉES.

N. B. — Voir, pour la place de chaque classe dans l'économie de l'enseignement secondaire, le tableau synoptique (page 36).

A. — Cours préparatoire

PREMIÈRE ANNÉE

Français	9 heures.
Instruction morale et civique (donnée à à l'occasion des autres enseignements)	
Écriture	2 h. 1/2
Petits récits historiques	1 heure.
Géographie	1 h. 1/2
Calcul	3 heures.
Leçons de choses	1 —
Dessin	1 —
Chant	1 —
TOTAL	20 heures.

DEUXIÈME ANNÉE

Français	7 heures.
Instruction morale et civique (comme pour la 1re année).	
Langues vivantes	2 —
Écriture	2 h. 1/2
Petits récits historiques	1 heure.
Géographie	1 h. 1/2
Calcul	3 heures.
Leçons de choses	1 —
Dessin	1 —
Chant	1 —
Total	20 heures.

CLASSE DE HUITIÈME

ET

CLASSE DE SEPTIÈME[1]

Français	7 heures.
Instruction morale et civique (comme précédemment)	
Langues vivantes	2 —
Écriture	1 —
Histoire et Géographie	3 —
Calcul	4 —
Leçons de choses	1 —
Dessin	1 —
Chant	1 —
Total	20 heures.

1. Le professeur de septième reprend, en les développant, les matières enseignées par le professeur de huitième.

B. — Premier cycle

(Durée : quatre ans; de la Sixième à la Troisième inclusivement)

CLASSE DE SIXIÈME

SECTION A

Français	3 heures
Latin	7 —
Langues vivantes	5 —
Histoire et Géographie	3 —
Calcul	2 —
Sciences naturelles	1 —
Dessin	2 —
TOTAL	23 heures

SECTION B

Français	5 heures
Écriture	1 —
Langues vivantes	5 —
Histoire et Géographie	3 —
Calcul	4 —
Sciences naturelles	2 —
Dessin	2 —[1]
TOTAL	22 heures

CLASSE DE CINQUIÈME

SECTION A

Français	3 heures
Latin	7 —
Langues vivantes	5 —
Histoire et Géographie	3 —
Calcul	2 —
A reporter	20 heures

1. Dont une heure de dessin géométrique.

Report	20 heures
Sciences naturelles	1 —
Dessin	2 —
TOTAL	23 heures

SECTION B

Français	5 heures
Écriture	1 —
Langues vivantes	5 —
Histoire et Géographie	3 —
Mathématiques	4 —
Sciences naturelles	2 —
Dessin	2 —[1]
TOTAL	22 heures

CLASSE DE QUATRIÈME[2]

SECTION A

Morale	1 heure	
Français	3 —	
Latin	6 —	
Grec		3 h. fac.
Langues vivantes	5 —	
Histoire et Géographie	3 —	
Mathématiques	1 —	+ 1 h. fac.
Sciences naturelles	1 —	
Dessin	2 —	
TOTAL	22 heures	+ 4 h. fac.

SECTION B

Morale	1 heure
Français	5 —
Comptabilité	1 —
A reporter	7 heures

1. Dont une heure de dessin géométrique.

2. Les élèves qui suivront les cours de grec seront dispensés de trois heures de classe, prélevées à raison de deux heures sur les langues vivantes et d'une heure sur le dessin.

Report	7 heures
Langues vivantes	5 —
Histoire et Géographie	3 —
Mathématiques	4 —
Physique et chimie	2 —
Dessin	1 —
TOTAL	22 heures

CLASSE DE TROISIÈME[1]

SECTION A

Morale	1 heure	
Français	3 —	
Latin	6 —	
Grec		3 h. fac.
Langues vivantes	5 —	
Histoire et géographie	3 —	
Mathématique	2 —	+ 1 h. fac.
Dessin	2 —	
TOTAL	22 heures	+ 4 h. fac.

SECTION B

Morale	1 heure
Français	4 —
Droit usuel	1 —
Langues vivantes	5 —
Histoire et géographie	3 —
Mathématiques	3 —
Physique et chimie	2 —
Sciences naturelles	1 —
Comptabilité	1 —
Dessin	{ 2 — 1 —
TOTAL	24 heures

1. Les élèves qui suivront les cours de grec seront dispensés de trois heures de classe prélevées à raison de deux heures sur les langues vivantes et d'une heure sur le dessin.

C. — Second cycle

(Durée trois ans : de la Seconde à la Philosophie).

CLASSE DE SECONDE

	Section A. *Grec-Latin*	Section B. *Latin-lang. viv.*	Section C. *Latin-sc.*	Section D. *Sc.-lang. viv.*
Français	3h	3h	3h	3h
Latin	4	4	4	»
Grec	5	»	»	»
Histoire mod.	2	2	2	2
Histoire anc..	2	2	»	»
Géographie...	1	1	1	1
Langues viv..	2	2 1h [1] 4h [2]	2	2 1h [1] 4h [2]
Mathématiques.	1	1	5	5
Physique et Chimie.....	1	1	3	3
Exercices pratiques de sciences....	»	»	2	2
Dessin	2	2	2 2h [3]	2 2h [3]
Géologie (12 conf. de 1 h)[4]	»	»	»	»
Totaux...	23h	23h	26h	27h

1. Une heure spéciale dans les sections B et D pour la langue étudiée dans le 1er cycle.
2. Quatre heures pour la seconde langue.
3. Deux heures pour le dessin géométrique.
4. Ces conférences s'appliquent aux quatre sections.

CLASSE DE PREMIÈRE

	Section A. *Grec-Latin*	fac.	Section B. *Latin-lang. viv.*	fac.	Section C. *Latin-sc.*	Section D. *Sc.-lang. viv.*
Français	3h		3h		3h	3h
Latin	3		3		3	»
Exercices complémentaires de latin.	2			2h	»	»
Grec..........	5		»		»	»
Histoire mod.	2		2		2	2
Histoire anc..	2		2		»	»
Géographie...	1		1		1	1
Langues viv..	2		2 1h [1] 4h [2]		2	2 1h [1] 4h [2]
Mathémat.....	1		1		5	5
Physique.....	1		1		»	»
Physique et Chimie.....	»		»		3	3
Exercices pratiques de sciences....	»		»		2	2
Dessin		2h		2h	2 2h [3]	2 2h [3]
Totaux...	22h	+ 2h	20h	+ 4h	23h	27h

	PHILOSOPHIE		MATHÉMATIQUES	
	Section A.	Section B.	Section C.	Section D.
Philosophie..	8h 1/2 8 1/2	8h 8	3h »	3h »

1. Une heure spéciale dans les sections B et D pour la langue étudiée dans le 1er cycle.
2. Quatre heures pour la seconde langue.
3. Deux heures pour le dessin géométrique.

	PHILOSOPHIE		MATHÉMATIQUES	
	SECTION A.	SECTION B.	SECTION A.	SECTION B.
Grec-Latin ...	fac. 4h			
Latin		fac. 2h		
Langues viv..	2		2h	{ 1h { 2
Histoire......	3	3	3	3
Mathémat....	2	2	8	8
Physique et Chimie.....	3	3	5	5
Sciences nat..	2	2	2	2
Exercices pratiques de sciences....			2	2
Dessin.......	2	2	2 + 2 fac.	2 + 2 fac.
Hygiène (12 conf. de 1 h.)	»	»	»	»
TOTAUX..	18h 1/2 + 8h fac.	18h + 4h fac.	27h + 2h fac.	28h + 2h fac.

CHAPITRE III

LE NOUVEAU BACCALAURÉAT

§ I

GÉNÉRALITÉS

Il ne diffère guère des anciens baccalauréats par *les matières* qu'il comporte; il en diffère surtout par la *forme*, c'est-à-dire par les caractères suivants que nous avons déjà signalés et que nous croyons utile de rappeler :

1° *Le baccalauréat, nouveau régime*, est unique en ce sens que tous les diplômes qu'il comprend ouvrent distinctement toutes les carrières, à la porte desquelles l'élève doit se présenter muni d'un baccalauréat;

2° Chacun de ces diplômes correspond à un bagage déterminé de connaissances, de telle façon qu'en possédant l'un d'eux, l'élève est assuré d'avoir été quelque peu spécialisé, de n'être pas absolument incomplet en telle série ou telle autre, des connaissances générales qui sont nécessaires pour mener sa vie avec efficacité.

Il sait, par exemple, des sciences et des langues vivantes,

ou des langues vivantes en même temps qu'il est muni d'une sérieuse culture classique et non pas, comme il arrive trop souvent, un peu de latin, un peu de grec, très peu de sciences, encore moins de langues vivantes, c'est-à-dire *rien du tout.*

De faire des non-valeurs à dix-huit ans, apparemment spécialisées sans aptitudes spéciales, des réceptacles inutiles de mots incompris, sans idées pour soutenir ces mots, voilà vraisemblablement ce que l'on a voulu soigneusement éviter en créant le nouveau baccalauréat.

§ II

LES DEUX PARTIES DU BACCALAURÉAT
LES DIPLOMES AFFÉRENTS

Comme on peut s'en rendre compte par le tableau synoptique de la page 37, les épreuves du baccalauréat sont divisées en deux parties. La première se place après la classe de *première* (*ancienne rhétorique*), c'est-à-dire vers la seizième ou la dix-septième année; la seconde se place, un an après, à la sortie des classes de *philosophie* ou de *mathématiques* Ce baccalauréat comprend des épreuves écrites et des épreuves orales, pour chacun de ses diplômes. Les premières sont éliminatoires.

A. — Première partie du baccalauréat

Cette partie est divisée en quatre diplômes correspondant aux différentes divisons du 1er cycle (Voir page 37). Les diplômes portent les noms suivants : *latin-grec*, *latin-sciences*, *latin-langues vivantes*, *sciences-langues vivantes*.

1°. — LATIN-GREC

a) Epreuves écrites

1° Une composition française ;
2° Une version latine ;
3° Une version grecque.

b) Epreuves orales

1° L'explication d'un texte grec ;
2° L'explication d'un texte latin ;
3° L'explication d'un texte français.

Ces textes sont choisis dans les ouvrages inscrits aux programmes des classes de *seconde* et de *première* de la section A de l'enseignement secondaire[1];

4° Une épreuve de langue vivante étrangère (allemand, anglais, espagnol ou italien[2]), au choix du candidat, suivant le mode déterminé par l'instruction suivante :

L'examinateur remet au candidat un texte facile, tiré d'un ouvrage contemporain ou d'une publication périodique. Le candidat lit ce texte à haute voix. Puis il le résume, en se servant de la langue étrangère.

S'il est dans l'impossibilité de le faire, il lui est permis de présenter son résumé en français ; mais ce fait constitue une infériorité dont il est tenu compte dans l'établissement de la note.

---

1. Voir le *programme Délalain*.
2. Dans l'académie d'Alger, l'arabe peut être substitué à une des langues prévues pour les épreuves orales de langues vivantes.

L'examinateur pose quelques questions au candidat au sujet du texte lu par lui : questions et réponses sont faites en langues étrangères.

Le candidat explique ensuite un court passage d'un auteur classique, choisi parmi ceux qu'il déclarera avoir lu. A propos de ce texte, il lui est posé en français quelques questions grammaticales et littéraires auxquelles il pourra répondre soit en français, soit en langue étrangère ;

5° Une interrogation sur l'histoire ancienne, d'après le programme de la classe de *première* de la section A de l'enseignement secondaire ;

6° Une interrogation sur l'histoire ancienne, d'après le même programme ;

7° Une interrogation sur la géographie, d'après le même programme ;

8° Une interrogation sur les mathématiques, d'après le même programme ;

9° Une interrogation sur la physique, d'après le même programme.

2° LATIN, LANGUES VIVANTES

a) **Epreuves écrites**

1° Une composition française ;

2° Une version latine ;

3° Une composition en langue vivante étrangère (allemand, anglais, espagnol ou italien), au choix du candidat, d'après le mode déterminé par l'instruction suivante :

L'épreuve écrite de langue vivante consiste en une composition dans la langue choisie par le candidat (narration, description, lettre).

Une matière indiquant le plan et fournissant les principales idées du sujet est dictée en langue française.

L'usage d'un dictionnaire en langue étrangère, sans traduction, est autorisé.

b) Epreuves orales

1° L'explication d'un texte latin;

2° L'explication d'un texte français.

Des textes sont choisis dans les ouvrages inscrits aux programmes des classes de *seconde* et de *première* de la section B de l'enseignement secondaire ;

3° Deux épreuves sur deux langues vivantes étrangères, dont une porte obligatoirement sur l'*allemand* ou l'*anglais*, l'autre sur l'allemand, l'anglais, l'espagnol ou l'italien, au choix du candidat, d'après le mode déterminé par l'instruction suivante :

L'examinateur remet au candidat un texte facile, tiré d'un ouvrage contemporain, ou d'une publication périodique. Le candidat lit ce texte à haute voix. Puis il le résume, en se servant de la langue étrangère.

S'il est dans l'impossibilité de le faire, il lui est permis de présenter son résumé en français ; mais ce fait constitue une infériorité dont il est tenu compte dans l'établissement de la note.

L'examinateur pose quelques questions au candidat au sujet du texte lu par lui : questions et réponses sont faites en langue étrangère.

Le candidat expliqu^a ensuite un court passage d'un auteur classique, choisi parmi ceux qu'il déclarera avoir lus. A propos de ce texte, il lui est posé en français quelques questions grammaticales et littéraires auxquelles il pourra répondre soit en français, soit en langue étrangère;

4° Une interrogation sur l'histoire ancienne, d'après le programme de la classe de *première* de la section B de l'enseignement secondaire ;

5° Une interrogation sur l'histoire moderne, d'après le même programme;

6° Une interrogation sur la géographie, d'après le même programme;

7° Une interrogation sur les mathématiques, d'après le même programme.

8° Une interrogation sur la physique, d'après le même programme.

3°. — Latin. — Sciences

a) Epreuves écrites

1° Une composition française;
2° Une version latine.
3° Une composition de mathématiques et de physique.

b) Epreuves orales

1° L'explication d'un texte latin;
2° Une version latine

Les textes sont choisis dans les ouvrages inscrits aux programmes des classes de seconde et de première de la section de l'enseignement secondaire;

3° Une épreuve de langue vivante étrangère (allemand), anglais, espagnol ou italien), au choix du candidat d'après le mode déterminé par l'instruction suivante:

L'examinateur remet au candidat un texte facile tiré d'un ouvrage contemporain ou d'une publication périodique. Le candidat lit ce texte à haute voix, puis il le résume en se servant de la langue étrangère.

S'il est dans l'impossibilité de le faire, il lui est permis de présenter son résumé en français; mais ce fait constitue une infériorité dont il est tenu compte dans l'établissement de la note.

L'examinateur pose quelques questions au candidat au sujet du texte lu par lui : questions et réponses sont faites en langue étrangère.

Le candidat explique ensuite un court passage d'un auteur classique, choisi parmi ceux qu'il déclarera avoir lus. A propos de ce texte, il lui est posé en français quelques questions grammaticales et littéraires auxquelles il pourra répondre soit en français, soit en langue étrangère ;

4° Une interrogation sur l'histoire, d'après le programme de la classe de *première* de la section C de l'enseignement secondaire ;

5° Une interrogation sur la géographie, d'après le même programme ;

6° Une interrogation sur les mathématiques, d'après le même programme ;

7° Une interrogation sur la physique, d'après le même programme ;

8° Une interrogation sur la chimie, d'après le même programme.

4° Sciences-Langues vivantes

a) Epreuves écrites

1° Une composition française ;

2° Une composition en langue vivante étrangère (allemand anglais, espagnol ou italien), au choix du candidat, d'après le mode déterminé par l'instruction suivante :

L'épreuve écrite de langue vivante consiste en une composition dans la langue choisie par le candidat (narration description, lettre).

Une matière indiquant le plan et fournissant les principales idées du sujet est dictée en langue française ;

L'usage d'un dictionnaire en langue étrangère, sans traduction, est autorisé.

3° Une composition de mathématiques et de physique.

b) Epreuves orales

1° L'explication d'un texte français choisi dans les ouvrages inscrits aux programmes des classes de *seconde* et de *première* de la section D de l'enseignement secondaire ;

2° Deux épreuves sur deux langues vivantes étrangères, dont une porte obligatoirement sur l'*allemand* ou l'*anglais*, l'autre, au choix du candidat, sur l'allemand, l'anglais, l'espagnol, l'italien ou le russe, d'après le mode déterminé par l'instruction suivante :

1° L'examinateur remet au candidat un texte facile, tiré d'un ouvrage contemporain, ou d'une publication périodique. Le candidat lit ce texte à haute voix. Puis il le résume, en se servant de la langue étrangère.

S'il est dans l'impossibilité de le faire, il lui est permis de présenter son résumé en français; mais ce fait constitue une infériorité dont il est tenu compte dans l'établissement de la note.

L'examinateur pose quelques questions au candidat, au sujet du texte lu par lui : questions et réponses sont faites en langue étrangère ;

2° Le candidat explique ensuite, un court passage d'un auteur classique, choisi parmi ceux qu'il déclarera avoir lus. A propos de ce texte, il lui est posé en français quelques questions grammaticales et littéraires auxquelles il pourra répondre soit en français, soit en langue étrangère ;

3° Une interrogation sur l'histoire, d'après le programme

de la classe de *première* de la section D de l'enseignement secondaire;

4° Une interrogation sur la géographie, d'après le même programme;

5° Une interrogation sur les mathématiques, d'après le même programme;

6° Une interrogation sur la physique, d'après le même programme;

7° Une interrogation sur la chimie, d'après le même programmes.

B. — Seconde partie du baccalauréat

Les candidats à la seconde partie peuvent choisir, au moment de leur inscription, entre deux séries d'épreuves, correspondant aux deux divisions essentielles du second cycle. Les diplômes afférents portent les noms de philosophie et ou mathématiques.

1°. — Philosophie

a) Epreuves écrites

1° Une dissertation française sur un sujet de philosophie;

2° Une composition de sciences physiques et de sciences naturelles.

b) Epreuves orales

1° Une interrogation sur la philosophie et les auteurs philosophiques;

2° Une interrogation sur l'histoire contemporaine;

3° Une interrogation sur les sciences physiques;

4° Une interrogation sur les sciences naturelles;

Les épreuves de cette série se font d'après les programmes de la classe de *Philosophie*.

2°. — Mathématiques

a) Epreuves écrites

1° Une composition de mathématiques;
2° Une composition de sciences physiques;
3° Une dissertation de philosophie.

b) Epreuves orales

1° Une interrogation sur les mathématiques;
2° Une interrogation sur la physique;
3° Une interrogation sur la chimie;
4° Une interrogation sur les sciences naturelles;
5° Une interrogation sur la philosophie;
6° Une interrogation sur l'histoire contemporaine.
Les épreuves de cette série se font d'après les programme de la classe de *Mathématiques*.

§ III

SUJETS DES COMPOSITIONS

Pour les épreuves écrites, sauf pour la *version latine*, la *version grecque* et l'épreuve de *langues vivantes*, il est donné *trois sujets*, entre lesquels les candidats ont le droit de choisir.

L'analyse de tout ou partie d'un des textes portés au programme de l'examen, une question d'histoire ou de géographie ne peuvent constituer un sujet de composition écrite.

En vue d'assurer la concordance entre les études et l'examen et de maintenir les épreuves au même niveau dans les diverses Académies, des *textes et sujets communs de compositions peuvent être envoyés par le Ministre.*

§ IV

DURÉE DES COMPOSITIONS ET DE l'EXAMEN ORAL

A. — Épreuves écrites

La durée des compositions est fixée ainsi qu'il suit :

1° Première partie

LATIN-GREC

Composition française, *trois* heures.
Version grecque, *trois* heures.

LATIN-LANGUES VIVANTES

Composition française, *trois* heures.
Version latine, *trois* heures.
Composition en langue vivante étrangère, *trois* heures.

LATIN-SCIENCES

Composition française, *trois* heures.
Version latine, *trois* heures.
Compositions de mathématiques et de physique, *quatre* heures.

SCIENCES-LANGUES VIVANTES

Composition française, *trois* heures.

Composition en langue vivante étrangère, *trois* heures.

Compositions de mathématiques et de physique, *quatre* heures.

2° Seconde partie

PHILOSOPHIE

Dissertation française sur un sujet de philosophie, *quatre* heures.

Composition sur les sciences physiques et naturelles, *deux* heures.

MATHÉMATIQUES

Composition de mathématiques, *trois* heures.

Composition de sciences physiques, *trois* heures.

Dissertation philosophique, *trois* heures.

B. — ÉPREUVES ORALES

Les épreuves orales sont publiques.

La durée de l'examen oral est, en moyenne, de *trois quarts d'heure* pour chaque candidat.

§ V

NOTES ET COEFFICIENTS

La valeur de chaque épreuve est exprimée par une note variant de 0 à 20.

Les coefficients suivants sont attribués aux différentes épreuves :

1°. — PREMIÈRE PARTIE

a) LATIN-GREC

Composition française	2
Version latine	2
Version grecque	2
Explication grecque	1
Explication latine	1
Explication française	1
Epreuve de langue vivante étrangère	2
Interrogation sur l'histoire ancienne	1
Interrogation sur l'histoire moderne	1
Interrogation sur la géographie	1
Interrogation sur les mathématiques	0,5
Interrogation sur la physique	0,5

b) LATIN-LANGUES VIVANTES

Composition française	2
Version latine	2
Composition en langue vivante étrangère	2
Explication latine	1
Explication française	1
1re épreuve de langue vivante	1
2e épreuve de langue vivante	1
Interrogation sur l'histoire ancienne	1
Interrogation sur l'histoire moderne	1
Interrogation sur la géographie	1
Interrogation sur les mathématiques	0,5
Interrogation sur la physique	0,5

c) LATIN-SCIENCES

Composition française	2
Version latine	2
Composition de mathématiques et de physique	4
Explication latine	1
Explication française	1

Epreuve de langue vivante étrangère............ 2
Interrogation sur l'histoire........................ 1
Interrogation sur la géographie................. 1
Interrogation sur les mathématiques............ 3
Interrogation sur la physique..................... 2
Interrogation sur la chimie........................ 1

d) SCIENCES-LANGUES VIVANTES

Composition française.............................. 2
Composition en langue vivante étrangère........ 2
Composition de mathématiques et de physique... 4
Explication française................................ 1
Interrogation sur l'histoire........................ 1
Interrogation sur la géographie................. 1
1re épreuve de langue vivante..................... 1
2e épreuve de langue vivante...................... 1
Interrogation sur les mathématiques............ 3
Interrogation sur la physique..................... 2
Interrogation sur la chimie........................ 1

2°. — SECONDE PARTIE

a) PHILOSOPHIE

Dissertation philosophique........................ 2
Composition de sciences........................... 1
Interrogation sur la philosophie et les auteurs philosophiques.. 2
Interrogation sur l'histoire contemporaine....... 1
Interrogation sur les sciences physiques......... 1
Interrogation sur les sciences naturelles........ 1

b) MATHÉMATIQUES

Composition de mathématiques................... 2
Composition de sciences physiques............. 2
Dissertation philosophique........................ 1
Interrogation sur les mathématiques............ 2
Interrogation sur la physique..................... 1
Interrogation sur la chimie........................ 1

Interrogation sur les sciences naturelles......... 1
Interrogation sur la philosophie................. 1
Interrogation sur l'histoire contemporaine....... 1

Pour être admis, les candidats doivent avoir obtenu la *moitié du nombre maximum des points.*

Les certificats d'aptitude portent les mentions suivantes :

Passable : quant le candidat a obtenu la moitié du nombre maximum des points;

Assez bien : quand le candidat a obtenu la moyenne de 12 points;

Bien : quand le candidat a obtenu la moyenne de 14 points;

Très bien : quand le candidat a obtenu la moyenne de 16 points.

§ VI

BÉNÉFICE DE L'ADMISSIBILITÉ

Le bénéfice de l'admissibilité aux épreuves orales, après échec à ces épreuves, est acquis aux candidats pour les deux sessions suivantes, à la condition qu'ils se présentent pour réparer leur échec, devant la Faculté où ils l'ont subi.

§ VII

AJOURNEMENT

Aucun ajournement, soit après les épreuves écrites, soit après les épreuves orales, ne peut être prononcé qu'en vertu d'une délibération du jury réuni à cet effet.

Le candidat ajourné ne peut se représenter dans le cours de la même session.

§ VIII

FORME DES EXAMENS

Les compositions écrites ont lieu, au choix des Facultés, soit en une série unique, soit en séries simultanées ou en séries successives.

Dans le premier cas, il y a au moins un centre de composition dans chaque département de l'Académie.

Dans le second cas, les compositions ont lieu au siège de la Faculté, et chaque série comprend, au maximum, 30 candidats.

Dans tous les cas, elles se font sous la surveillance d'un membre du jury.

Sauf dans le cas où ils sont envoyés par le Ministre, les textes et sujets des épreuves écrites sont choisis par le doyen de la Faculté des lettres pour les compositions littéraires, par le doyen de la Faculté des sciences pour les compositions scientifiques.

§ IX

DROITS D'EXAMENS

Les droits à percevoir par le Trésor public sont fixés ainsi qu'il suit :

1re partie :

Examen......	35 fr.	
Certificat d'aptitude......	10 fr.	
		45 fr.

2e partie :

Examen	35 fr.	
Certificat d'aptitude	10 fr.	
		85 fr.
Total des droits pour ces deux parties de l'examen		130 fr.

Le candidat doit consigner 45 francs avant les épreuves de la première partie et 85 francs avant les épreuves de la deuxième partie.

Lorsque le candidat est ajourné pour la première partie, il lui est remboursé la somme de 10 francs sur les 45 francs qu'il a consignés.

Lorsqu'il est ajourné pour la première partie, il lui est remboursé 50 francs sur les 85 francs qu'il a consignés.

Tout candidat, qui sans excuse jugée valable par la Faculté, ne répond pas à l'appel de son nom le jour qui lui a été indiqué, est renvoyé à une autre session et perd le montant des droits d'examen qu'il a consignés.

Le candidat admis à l'une des séries de la deuxième partie, et qui désire subir les épreuves de l'une des autres séries, est tenu de consigner, pour chacune de ces séries, les droits ci-après indiqués :

Examen	35 fr.
Certificat d'aptitude	10 fr.
Total	45 fr.

En cas d'échec, il est remboursé au candidat la somme de 10 francs sur les 45 francs qu'il a consignés.

§ X

DATE D'APPLICATION DES NOUVEAUX PROGRAMMES DU BACCALAURÉAT DE L'ENSEIGNEMENT SECONDAIRE.

Les dispositions du décret du 31 mai 1902, portant institution d'un baccalauréat de l'enseignement secondaire, seront mises à exécution :

1° Pour la *première partie :* Latin-Grec, Latin-Langues vivantes, Latin-Sciences, Sciences-Langues vivantes, à partir de la session de juillet-août 1904 ;

2° Pour la *seconde partie :* Philosophie, Mathématiques, à partir de la session de juillet-août 1905.

Art. 2. — Il ne sera plus reçu d'inscription :

Pour la *première partie* du baccalauréat de l'enseignement secondaire classique, à dater de la session de juillet-août 1904 ;

Pour la *première partie* du baccalauréat de l'enseignement secondaire moderne, à dater de la session de juillet-août 1905.

Toutefois, les candidats qui, antérieurement à ces dates, se seront présentés à la première partie du baccalauréat de l'enseignement secondaire *classique* ou à la première partie du baccalauréat de l'enseignement secondaire *moderne*, conserveront le droit de subir l'examen d'après l'ancien régime.

APPENDICE A CE CHAPITRE

TABLEAU SYNOPTIQUE DE L'ENSEIGNEMENT SECONDAIRE

A. — Cours préparatoires

(De 7 à 11 ans)

1re année.	*C'est l'enseignement primaire, proprement dit.*
2e année.	*Français, calcul, histoire, ni latin, ni grec.*
Huitième.	L'enfant peut recevoir cet enseignement aussi bien à l'école primaire qu'au lycée.
Septième.	

ENSEIGNEMENT SECONDAIRE PROPREMENT DIT

B. — Premier Cycle

(de 11 à 15 ans)

	Première Section		Deuxième Section
	LATIN, FRANÇAIS, SCIENCES, LANGUES VIVANTES.		NI LATIN, NI GREC, FRANÇAIS, SCIENCES, LANG. VIVANT.
6e			
5e			
4e	Latin-Grec	Latin	
3e	Latin-Grec	Latin	

A ce moment des études peut être délivré le *Certificat d'études secondaires*

C. — Deuxième Cycle

(De 15 à 18 ans)

	Section A	Section B	Section C	Section D
	LATIN-GREC	LATIN LANGUES VIVANTES	LATIN SCIENCES	SCIENCES LANGUES VIVANTES
2e				
1re				
1re partie du baccalauréat	1er Diplôme	2e Diplôme	3e Diplôme	4e Diplôme
	PHILOSOPHIE		MATHÉMATIQUES	
	Section A	Section B	Section A	Section B
2e partie du baccalauréat	1er Diplôme	2e Diplôme	3e Diplôme	4e Diplôme

CHAPITRE IV

COURS PRÉPARATOIRES

(De 7 à 11 ans)

---

§ I

CE SONT LES COURS DES ÉCOLES PRIMAIRES

Ils comprennent, comme nous l'avons déjà dit, *les deux années préparatoires, la septième et la huitième.* Les élèves doivent sortir de ces cours avec les connaissances d'un bon candidat au *certificat d'études primaires*, c'est-à-dire :

1° Faire, sans beaucoup de fautes, une dictée où ils trouvent à mettre en application les principales règles et exceptions de la grammaire française;

2° Connaître et appliquer les quatre règles d'arithmétique; faire de petits problèmes, notamment sur la règle de trois, simple et composée, et sur le système métrique. Ils doivent connaître en outre les principales figures géométriques (cercle, carré, triangle, etc.);

3° Connaître les grandes lignes de l'histoire de France, et de la géographie de la France, ainsi que de la géographie générale ;

4° *En plus des connaissances imposées au certificat d'études, l'élève doit connaître les rudiments des langues vivantes (notamment l'anglais et l'allemand).*

§ II

LYCÉE OU ÉCOLE PRIMAIRE

Sans méconnaître le soin avec lequel ont été dressés les programmes des cours préparatoires, la science et l'expérience des professeurs de ces cours, nous inclinons à penser que l'école primaire, tout simplement, est préférable au lycée, pour les débuts de l'intruction, à la condition que les classes n'en soient pas nombreuses, et que les parents s'intéressant aux études de leurs enfants se tiennent en relations avec le maître. Dans l'enseignement primaire proprement dit les enfants sont plus suivis.

L'occupation de leurs petites journées n'est pas prématurément coupée en *classes*, où ils écoutent le professeur, parlant déjà du haut de sa chaire, parfois hélas! dictant déjà des cours, et en *études* où ils se trouvent livrés à eux-mêmes, sous la surveillance d'un répétiteur.

En outre, l'entrée au lycée, vers la douzième année, peut être un événement qui stimule l'enfant. C'est, à coup sûr, un changement qui l'intéresse. Il ne faut point risquer de le blaser en le faisant vivre, dès huit ans, dans une maison qu'il ne doit quitter qu'à dix-huit ans, en moyenne.

D'ailleurs les résultats sont probants. On pourrait constater que, dans la plupart des cas, les élèves entrés au lycée dès huit ans, se chargent de remplir, dès douze ou treize ans, la dernière moitié de leur classe.

Eviter aussi l'enseignement individuel avec le précepteur et, plus encore, les leçons particulières. C'est un moyen d'éducation presque infaillible pour s'illusionner sur les moyens d'un enfant. Tel bambin qui, avec son précepteur ou sa gouvernante, semble promettre un petit prodige, devient un fruit sec, une fois mis en contact avec ses camarades. A quoi tient cette précoce et fréquente déchéance ? A ce que, sans doute, le précepteur marque trop vite son empreinte sur l'esprit du jeune élève qu'il prive dès lors de toute initiative; à ce que la besogne de ce dernier est trop préparée, trop mâchée, si nous osons dire.

Il importe d'ailleurs de placer un enfant, dès le début de ses études, dans son milieu, c'est-à-dire avec des enfants de son âge.

Eviter, même pour un enfant jeune, l'enseignement des femmes, rarement pondéré et qui est trop pesant ou trop faible.

§ III

L'ÉTUDE DES LANGUES

Dès la deuxième année préparatoire, l'enfant commence l'étude des langues vivantes. C'est, à notre avis, trop tôt, et voilà encore une raison qui nous incline à penser qu'un enfant ne doit pas entrer au lycée, avant la sixième.

Il est bien temps de faire commencer l'étude des langues vivantes, en septième, soit vers dix ans. Car si, dès la huitième année, vous faites parler un enfant dans une autre langue que sa langue maternelle, vous risquez fort de ne lui apprendre ni l'une ni l'autre. A coup sûr vous éteignez dès le début toute sa curiosité pour la langue vivante que vous lui enseignez. De classe en classe, il n'aperçoit pas les progrès que ses différents professeurs veulent lui imposer; de la sixième à la rhétorique, que l'enfant conjugue le verbe *aimer* ou que le jeune homme traduise Goethe ou Shakespeare, c'est pour lui, toujours de l'allemand, ou de l'anglais, cette langue étrangère qu'on lui ressasse sans profit pendant tant d'années.

Les résultats sont là, du reste, pour prouver nos assertions. Et nous ne craignons pas d'être taxé d'exagération en disant qu'à seize ans, après huit ans d'allemand ou d'anglais, les deux tiers des élèves de l'enseignement secondaire sont incapables de traduire cinq lignes de français ordinaire, sans y commettre au moins une faute par ligne.

Donc à dix ans que l'enfant commence l'étude d'une langue étrangère. Non par la conversation et cette espèce de méthode pratique qui a ceci de particulier que le professeur n'y prononce pas un mot dans la langue maternelle de l'élève : c'est l'infaillible moyen pour que celui-ci soit à jamais incapable d'écrire trois mots sans commettre un barbarisme; non par l'étude des mots, mais par celle des formes. *De la grammaire, de la grammaire et encore de la grammaire*, voilà ce qu'il faut pour la première année d'étude, d'une langue tant vivante qu'étrangère. Les mots, à l'occasion de la grammaire, ensuite. Enfin et bien après, de la conversation à propos de la grammaire.

En pratiquant cette étude méthodique d'une langue étrangère, l'élève est alors assuré qu'après deux mois de conversation exclusive, vers la seizième année, il parlera sans difficulté cette langue.

Ces modestes remarques sur l'étude des langues vivantes ne se rapportent point exclusivement, comme on peut s'en apercevoir, aux cours préparatoires. Si nous les avons placées à cet endroit de notre petit travail, c'est pour conseiller bien vivement aux parents de ne pas faire commencer l'étude de l'allemand ou d'une autre langue, avant la dixième année, quand les *rudiments du français* sont assurés et, avec eux, *ceux de la grammaire générale* (sujet, complément direct, etc.).

Méfiez-vous du jeune prodige qui, à neuf ans, sait chanter en allemand. Il risque fort, au thème du baccalauréat, de ne pas savoir mettre le verbe *apprendre* à l'impératif ou au participe passé ?

Ne prenez pas de gouvernante étrangère, de précepteur étranger pour un enfant de dix ans. Ce sont là des leurres. Vous n'arriverez ainsi qu'à lui enlever tout zèle pour la suite. Un modeste professeur qui sera très sévère pour les déclinaisons, l'accord du verbe avec le sujet, etc., voilà ce qu'il faut à l'enfant pour ses débuts dans une langue étrangère.

CHAPITRE V

PREMIER CYCLE. PREMIÈRE SECTION : LATIN ET LATIN GREC.

(Sixième, cinquième, quatrième, troisième ; de 11 ans à 15 ans)

§ I

LES CONNAISSANCES ACQUISES DANS CETTE SECTION

Ainsi que le dit le décret du 31 mai 1902, « dans les deux sections des quatre classes du premier cycle, les programmes sont organisés de telle sorte que l'élève se trouve, à l'issue de ce premier cycle, en possession d'un ensemble de connaissances formant un tout et pouvant se suffire à lui-même ».

Le programme de la première section du premier cycle justifie apparemment cette promesse.

Vers la quinzième année, en sortant du premier cycle, l'élève doit en effet posséder les connaissances suivantes :

En *français* : des connaissances sérieuses de grammaire qui lui permettent d'écrire sans faute et de faire honorablement une petite composition française.

Ces rudiments sont agrémentés avec soin de quelques connaissances littéraires portant sur l'ensemble des trois littératures classiques, notamment de la nôtre.

En mathématiques : L'arithmétique et *l'algèbre* de façon à se tirer avec avantage, par exemple, d'une opération commerciale d'escompte ou d'intérêt, de faire un partage proportionnel ; la *géométrie* de façon à calculer la surface d'un champ, d'un cercle, le volume d'une sphère.

En *histoire* et *géographie :* Assez d'histoire ancienne pour ne par commettre de bévue, dans la conversation ; assez d'histoire de France pour comprendre le développement de sa race et pouvoir s'y rattacher. Géographie générale de la France et du monde entier.

En *allemand*, ou en *anglais* : Assez de grammaire et de mots pour parler couramment, après un an de séjour dans le pays.

En *latin* et en *grec :* De quoi connaître l'étymologie des principaux mots français, si l'élève ne continue pas.

En *morale :* Heureuse innovation, l'enseignement de ce qu'on appelait jadis « la philosophie » et qui couronnait les études classiques est descendu aux classes inférieures. L'élève doit connaître vers la quinzième année les notions courantes, et si souvent agitées, de Patrie, de solidarité, de fraternité, d'humanité, de liberté, etc.

§ II

DANS QUELLES CONDITIONS L'ÉLÈVE DOIT-IL Y ENTRER ?

A vrai dire, *cette première section est, malgré tout, celle qui se suffit le moins à soi-même.* Et nous la déconseillons à ceux qui voudraient quitter le lycée, vers la quinzième année.

Nous la déconseillons même aux parents dont les enfants ont suivi péniblement la classe de septième. Il est inutile de compliquer l'instruction de ces derniers par la difficile étude des langues mortes. Celles-ci ne sont en effet un moyen d'éducation que pour les esprits appelés à une maturité précoce. Outre qu'elles font perdre aux autres un temps utile, elles les désintéressent de toute autre étude.

En règle générale, tout élève qui, en septième, est dans la seconde moitié de sa classe, doit se détourner du latin et du grec. Il risque fort de ne trouver à leur étude que des déconvenues.

Cela est si vrai qu'à la fin du premier cycle, les nouveaux programmes offrent aux élèves de la première section du premier cycle, toutes les portes possibles pour s'éloigner du latin et du grec. On est fatigué de cette apparence de culture classique qui faisait tant d'inutiles à dix-huit ans.

Si donc, à la fin de la septième, un enfant ne fait pas une dictée sans faute, s'il n'écrit pas agréablement une petite lettre, s'il n'est pas déjà de conversation facile : que, sans faiblesse, les parents le détournent de la section dont nous nous occupons.

Nous ne saurions trop insister sur toute la solidité qu'il faut à une culture classique pour qu'elle soit profitable dans la vie, et sur les multiples chances qu'un élève court toujours pour qu'elle soit chez lui incomplète et ne serve à rien.

Que l'on consulte le professeur de septième et que l'on *maxime* ses avertissements. La moindre crainte exprimée de sa part doit être pour les parents une invitation ferme à détourner leurs enfants de la voie classique. On comprend aisément en effet que, dans la plupart des cas, le professeur ne peut et ne doit qu'émettre des conseils assez vagues sur l'avenir possible d'un enfant de onze ans.

§ III

A QUOI MÈNE-T-ELLE ?

A quoi mène cette section ? A la continuer dans le second cycle, ou à passer dans les autres du second cycle qui lui sont ouvertes. On lui a offert toutes les portes de sortie, pour ne point rendre définitives, des méprises de parents commises dès la douzième année de leur fils. Mais, en réalité, 1° *Nul ne doit s'y engager qui ne veut parcourir les deux cycles de l'enseignement secondaire;* 2° *doivent seuls s'y engager, les très bons élèves de la classe de septième.*

CHAPITRE VI

PREMIER CYCLE. — SECONDE SECTION. — NI LATIN, NI GREC. — SCIENCES. — LANGUES VIVANTES.

(Sixième, cinquième, quatrième, troisième ; de onze à quinze ans)

---

§ I

LES CONNAISSANCES ACQUISES DANS CETTE SECTION

A la sortie de la seconde section du premier cycle, c'est-à-dire à la fin de la quinzième année, les élèves de l'enseignement secondaire possèdent les connaissances suivantes :

En *français :* à peu près les mêmes connaissances que dans la première section du même cycle (Voir page 43).

En *mathématiques :* l'*arithmétique élémentaire*. Toute la *géométrie élémentaire*, et toute l'*Algèbre*. Les connaissances en mathématiques sont donc plus complètes et plus approfondies que dans la première section.

En *histoire* et *géographie* : Même programme que dans la première section.

De même pour les *langues étrangères*, la *morale*, les *sciences physiques et naturelles*.

Les élèves de cette section possèdent en outre des connaissances de *droit usuel* et de *comptabilité* dont nous donnons ci-dessous le programme parce qu'elles constituent une nouveauté dans l'enseignement secondaire et justifient l'effort fait *pour donner un enseignement complet même dans le premier cycle*.

Droit usuel

INTRODUCTION

Le droit. — La coutume de la loi. — Rapports de la morale avec le droit. — Divisions du droit : 1° droit public (droit constitutionnel, droit administratif, droit criminel, droit international public) ; 2° droit privé (droit civil, droit international privé, droit commercial, procédure civile). — Les Codes.

PREMIÈRE PARTIE. — DROIT CIVIL

I. *Les droits publics des citoyens français.* — Égalité civile. — Liberté individuelle : liberté de conscience et de culte. Liberté du travail, du commerce et de l'industrie. Liberté de réunion et d'association. Liberté de la presse. — Le vote de l'impôt. — Le service militaire.

II. *La souveraineté nationale et le suffrage universel.* — Les lois constitutionnelles de 1875 ; revision de 1884. — Les pouvoirs publics : le pouvoir législatif et le pouvoir exécutif ; pourquoi et dans quelle mesure ils sont séparés — Pouvoir législatif : le Sénat et la Chambre des députés. — Pouvoir exécutif : le Président de la République et les Ministres, le gouvernement parlementaire.

III. *Organisation administrative.* — Division du territoire de la France en départements, arrondissements et communes : 1° le département : le préfet et le conseil général ; la commission départementale ; 2° l'arrondissement : le sous-préfet et le conseil d'arrondissement ; 3° la commune : le maire et le conseil municipal.

IV. *Organisation judiciaire.* — Publicité et gratuité de la justice. Les juridictions en matière civile et commerciale : 1° juges de paix ; 2° tribunaux de première instance ; 3° cours d'appel ; 4° tribunaux de commerce ; 5° conseils de prud'hommes ; 6° la Cour de cassation. — Le ministère public. — Auxiliaires de la justice : avocats, avoués, huissiers. — Notions sommaires sur les juridictions administratives : conseils de préfecture, conseil d'État. La cour des comptes.

V. *Principes généraux du droit criminel.* — Les infractions et les peines. Imputabilité et culpabilité ; les circonstances atténuantes. — Tribunaux de répression : instruction préparatoire et juridictions d'instruction ; juridictions de jugement : tribunaux de police correctionnelle, cours d'assises ; la Cour de cassation.

DEUXIÈME PARTIE. — DROIT CIVIL

I. *Les personnes et la famille.* — 1° Nationalité : dans quels cas on est Français. — 2° Constitution de la famille : comment elle se forme : mariage. — Parenté et alliance. — Droits et devoirs dans la famille : autorité paternelle, autorité maritale. — 3° Protection des incapables : mineurs, interdits, aliénés, prodigues et faibles d'esprit. — 4° Constatation des principaux faits de la vie civile : actes de l'état civil.

II. *Les biens.* — 1° La propriété : comment elle s'acquiert. — Son inviolabilité (expropriation pour cause d'utilité publique). — Ses principaux démembrements : usufruit, servitudes. — La propriété littéraire et industrielle. — 2° Droits de créance : différentes espèces d'obligations. — Les rentes. — Sources des obligations : contrats et délits. Explications sommaires sur les contrats les plus fréquents (vente, louage transport, contrat de travail). Preuves des contrats. Actes sous seing privé. Droits du créancier. Créances négociables, titres au porteur. — 3° Moyens de crédit : privilèges, hypothèques ; effets de commerce.

III. *Les successions.* — 1° Succession *ab intestat.* Différentes classes d'héritiers. — Quotité disponible et réserve ; égalité dans le partage. Obligations des héritiers; bénéfice d'inventaire. — 2° Du testament. Formes des testaments ; différentes espèces de legs.

Comptabilité

Comptes courants. — Définition. — Méthodes directe, indirecte et hambourgeoise.

Théorie de la comptabilité. — Description des livres de la comptabilité générale. — Classification et mécanisme des comptes. — Passation des articles de la main courante au journal et du journal au grand livre.

Balance de vérification — Son principe et son utilité.

Inventaire. — Définition. — Inventaire des marchandises et valeurs. — Débiteurs douteux et insolvables. — Compte de profits et pertes. — Résultat. — Balance d'inventaire et bilan. — Fermeture et réouverture des comptes.

Placements en valeurs mobilières. — Opérations de bourse au comptant. — Cours moyen. — Courtage. — Revenu. — Impôts. — Arbitrages sur les effets publics, sur les actions et les obligations.

Etude sommaire des grandes institutions commerciales, économiques financières. — Bourse de marchandises. — Docks. — Entrepôts. — Magasins généraux. — Warrants. — Crédits fonciers, hypothécaires, agricoles. — Assurances. — Sociétés coopératives. — Syndicats.

En résumé, à la place du latin et du grec, les élèves de cette section reçoivent des connaissances plus étendues dans les sciences, notamment dans les sciences mathématiques, et les connaissances de droit et de comptabilité qui sont indiquées ci-dessus.

§ II

DANS QUEL BUT A-T-ELLE ÉTÉ CRÉÉE?

Il résulte de cette substitution de connaissances plus pratiques aux langues mortes que cette section se suffit mieux à elle-même que la précédente. Muni de l'enseignement qu'il y a reçu, l'élève est mieux préparé par exemple à faire un employé de commerce, de banque, à entrer dans quelque grande administration privée comme les assurances ou les chemins de fer.

Il ne faut point se méprendre toutefois sur le véritable caractère de cet enseignement *complet*. En tentant de le réaliser, on a voulu éviter aux élèves qui sortent, en cours d'études, l'inconvénient d'entrer dans la vie avec un bagage incomplet de connaissances hétéroclites. Mais on n'a pas voulu engager ceux qui, dès la onzième année, savent qu'ils termineront leurs études, dès la quinzième, à entrer même dans la section sciences-langues vivantes du premier cycle. A ces derniers, l'enseignement primaire et primaire supérieur, les écoles pratiques de commerce et d'industrie conviennent beaucoup mieux.

Voici cependant les principaux débouchés que peuvent trouver les élèves en sortant de cette section.

§ III

CARRIÈRES OUVERTES A LA SORTIE DE LA SECONDE SECTION DU PREMIER CYCLE

A. — Ecoles nationales d'arts et métiers

Les écoles nationales d'arts et métiers ont pour objet de former des ouvriers capables de devenir des chefs d'atelier et des industriels versés dans la pratique des arts mécaniques. Les élèves munis du brevet de sortie des écoles d'arts et métiers ont encore accès comme mécaniciens dans les Compagnies de chemins de fer.

Les situations auxquelles ils arrivent sont d'ailleurs assez inégales. Elles dépendent surtout de l'initiative dont ils font preuve, une fois entrés dans l'industrie. Il n'est pas rare d'en rencontrer qui gagnent de vingt à trente mille francs par an, tandis que d'autres végètent, toute leur vie, comme simples contremaîtres.

En raison de la concurrence faite par les élèves de Polytechnique et de Centrale, il est toutefois raisonnable d'espérer comme un maximum, en sortant des écoles d'arts et métiers, une situation de cinq à six cents francs par mois.

Ces écoles, au nombre de cinq, sont situées à Aix (Bouches-du-Rhône), Angers (Maine-et-Loire), Châlons (Marne), Lille (Nord) et Cluny (Saône-et-Loire).

Le *certificat d'études secondaires*, délivré après le premier cycle, est l'un des titres valables pour se présenter.

Les candidats doivent justifier qu'ils ont quinze ans au moins et dix-huit ans au plus, le 1er octobre de l'année dans laquelle le concours a lieu.

Les connaissances exigées des candidats sont : 1° l'écriture ; 2° la langue française (grammaire, orthographe, style, notions de composition française et notions très succinctes d'histoire littéraire, de la Renaissance à nos jours) ; 3° des notions d'histoire de France et de géographie ; 4° l'arithmétique théorique et pratique ; 5° la géométrie élémentaire ; 6° l'algèbre jusqu'aux équations du second degré exclusivement ; 7° les éléments de la physique et de la chimie ; 8° le dessin d'ornement et le dessin linéaire ; 6° le travail manuel.

Avec un an de préparation spéciale, un élève moyen sortant de la seconde section du premier cycle peut se présenter à ce concours, dans d'excellentes conditions.

B. — Ecoles supérieures de commerce, reconnues par l'Etat

Elles ont pour objet de former des jeunes gens capables de gérer dans toutes ses parties (marchandises, vente, achat comptabilité, droit usuel et commercial, transactions, contrats, traités, etc.) une maison de commerce, en France, à l'étranger, aux colonies.

Elles conviennent surtout aux fils de patrons. Il faut remarquer cependant que les jeunes gens munis des diplômes de sortie de ces écoles arrivent fréquemment à de belles situations, comme employés. Elles ne peuvent être conseillées qu'à des jeunes gens qui ont l'esprit d'initiative, voire d'aventure, le goût des Affaires. Elles préparent au commerce colonial (fondation de comptoirs, etc.), à la représentation à l'étranger.

Ces écoles, durant ces dernières années et à cause de la dispense militaire qu'elles procuraient ont été fort recherchées.

La loi sur le service militaire de deux ans étant probable, il est à croire qu'elles seront à bref délai dépossédées de cet avantage. (Pour les situations à trouver à l'issue de ces écoles, s'adresser à M. le directeur de l'*Office du Commerce Extérieur*, Ministère du Commerce, Paris.) Voici la liste de ces écoles :

Ecole des hautes études commerciales;
Ecole supérieure de commerce de Paris;
Institut commercial de Paris;
Ecole supérieure de commerce d'Alger;
Ecole supérieure de commerce de Bordeaux;
Ecole supérieure de commerce de Dijon;
Ecole supérieure de commerce du Havre;
Ecole supérieure de commerce de Lille;
Ecole supérieure de commerce de Lyon;
Ecole supérieure de commerce de Marseille;
Ecole supérieure de commerce de Montpellier;
Ecole supérieure de commerce de Nancy;
Ecole supérieure de commerce de Nantes;
Ecole supérieure de commerce de Rouen.

Les candidats doivent justifier qu'ils sont âgés de seize ans au moins, au 1er juillet de l'année du concours.

Les épreuves du concours sont les suivantes :

ÉPREUVES ÉCRITES

Composition de mathématiques. — Question d'arithmétique, question de géométrie, question d'algèbre.

Composition française. — Rédaction, orthographe, écriture

Composition de langue vivante (avec l'aide d'un dictionnaire). — Thème, version.

Composition de géographie.

ÉPREUVES ORALES

Arithmétique, langue vivante (explication d'un texte et exercice de conversation), chimie, physique, histoire.

A ce concours comme au précédent, un élève moyen, sortant de la seconde section du premier cycle, peut se présenter avec des chances de succès, après une année de préparation spéciale.

Les frais de pension dans les Ecoles de Commerce reviennent à cent francs par mois, environ.

C. — Ecole nationale des Beaux-Arts

(Paris, rue Bonaparte)

Elle comprend quatre sections : peinture, sculpture, gravure, architecture.

Nul ne peut obtenir son admission, s'il a moins de quinze ans ou plus de trente ans révolus.

CONCOURS D'ADMISSION

1° Peinture

Les épreuves, qui ont lieu deux fois par an, en octobre-novembre et en avril-mai, consistent en :

Une figure dessinée d'après nature à l'une des sessions, d'après l'antique à l'autre session, exécutée en douze heures.

Les candidats admis à la suite de cette première épreuve sont seuls autorisés à subir les épreuves ci-après :

1° Un dessin d'anatomie (ostéologie), exécuté en loge en deux heures;

2° Un dessin de perspective exécuté en quatre heures, d'après un objet en relief, avec les indications des principales lignes perspectives;

3° Un fragment de figure modelé d'après l'antique, exécuté en neuf heures;

4° Une étude élémentaire d'architecture, exécutée en loge en six heures;

5° Un examen sur les notions générales de l'histoire, écrit ou oral, au choix du candidat.

2° Sculpture et gravure

Les épreuves, qui ont lieu deux fois par an, en octobre-novembre et en avril-mai, consistent en :

Une figure modelée d'après nature à l'une des sessions, d'après l'antique à l'autre session, exécutée en douze heures.

Les candidats admis à la suite de cette première épreuve sont seuls autorisés à subir les épreuves ci-après :

1° Un dessin d'anatomie (ostéologie), exécuté en loge en deux heures ;

2° Un fragment de figure dessiné d'après l'antique, exécuté en neuf heures;

3° Une étude élémentaire d'architecture, exécutée en loge en six heures;

4° Un examen sur les notions générales de l'histoire, écrit ou oral, au choix du candidat.

3° Architecture

Les épreuves, qui ont lieu deux fois par an, en octobre-novembre et en avril-mai, consistent en :

Une composition d'architecture exécutée en loge en douze heures.

Les candidats admis à la suite de cette épreuve sont seuls autorisés à subir les épreuves ci-après :

1° Dessin d'une tête ou d'un ornement d'après le plâtre, exécuté en huit heures;

2° Modelage d'un ornement en bas relief d'après un plâtre, exécuté en huit heures;

3° Exercices de calcul fait en loge, dont un de calcul logarithmique;

4° Examens d'arithmétique, d'algèbre et de géométrie élémentaire;

5° Epure de géométrie descriptive appliquée à une projection d'architecture, faite en loge et en huit heures;

6° Examen de géométrie descriptive;

7° Epreuve d'histoire, qui consiste en un examen oral et une composition écrite.

Pour les épreuves d'histoire ou de sciences afférentes à ces trois concours, les études de sciences langues vivantes du premier cycle sont une excellente préparation.

Quand à la préparation technique, elle peut se faire, soit dans des cours privés, soit dans les Écoles des Beaux-Arts des départements, notamment à Lille, Lyon, Roubaix, Nancy.

Il importe de remarquer que la carrière des Beaux-Arts est périlleuse entre toutes, et que pour s'y engager avec quelques chances de succès, il faut avoir :

1° La fortune nécessaire pour vivre jusqu'à la trentaine sans grand espoir de gain ;

2° Des dispositions reconnues, dès la quinzième année, par de bons juges.

Les cours sont gratuits à l'École des Beaux-Arts.

D. — Surnumérariat des postes et télégraphes

De dix-huit ans au moins à vingt-ans au plus, au 1er janvier de l'année où a lieu le concours d'admission.

Le programme du concours comprend les épreuves obligatoires suivantes :

1° Dictée servant tout à la fois d'épreuve d'écriture et d'orthographe ;

2° Rédaction d'une note ou d'une lettre sur un sujet donné;

3° Arithmétique, jusques et y compris les proportions, le système métrique;

4° Géographie physique et politique de la France et géographie générale des cinq parties du monde;

5° Physique et chimie (notions élémentaires générales, notions particulières sur l'électricité et la formation des courants dans les piles).

Indépendamment des épreuves obligatoires, les candidats sont admis facultativement, et sur leur demande, à en subir d'autres sur tout ou partie des matières indiquées ci-après :

1° Algèbre élémentaire ;

2° Géométrie pratique, mesure des surfaces;
3° Dessin linéaire;
4° Langue anglaise;
5° Langue allemande;
6° Langue italienne;
7° Langue espagnole;
8° Connaissances postales;
9° Connaissances télégraphiques.

Cette carrière est fort peu rétribuée au début, puisque le jeune surnuméraire commence avec 100 francs par mois, et *souvent dans une grande ville*. Il devient ensuite commis, commis-principal ou receveur, rédacteur dans une Direction départementale.

Les emplois élevés de l'Administration des Postes et Télégraphes ainsi que l'Administration centrale, ne sont guère accessibles aux jeunes gens qui débutent par le surnumérariat.

Carrière paisible, mais fatigante et absorbante où l'on s'arrête entre 4 et 5.000 francs.

E. — Surnumérariat des douanes

Les conditions d'âge et le programme du concours sont les mêmes que pour le surnumérariat des Postes et Télégraphes.

D'autre part, l'avenir dans les Douanes est le même que dans les Postes et Télégraphes.

F. — Emploi de percepteur surnuméraire

De vingt et un ans à vingt-sept ans.

Le programme du concours comprend :

1° Une page d'écriture faite sous la dictée et servant d'épreuve d'orthographe.

2° Deux problèmes d'arithmétique.

3° La copie d'un tableau conforme à un modèle donné et pouvant comporter des calculs.

4° La rédaction d'une note sur une question d'administration et de finances, prise dans les matières suivantes :

Organisation politique, administrative et judiciaire de la France.

Contentieux administratif.

Impôts et Revenus publics.

Principes fondamentaux de la comptabilité publique.

Notions générales sur le domaine public, sur les expropriations pour cause d'utilité publique et les servitudes d'utilité publique.

Ce concours mérite de retenir l'attention et par la situation qu'il offre, plus agréable et mieux rétribuée que celles des Douanes ou des Postes et Télégraphes et par son caractère abordable.

Aucun titre n'y est exigé.

Il peut convenir à des jeunes gens ayant fait de bonnes études dans le premier cycle et qui vers la quinzième année sont entrés en qualité de commis chez un receveur d'enregistrement, chez un percepteur dans une recette particulière ou générale. Il leur est possible d'y réussir s'ils se sont entretenus dans leurs connaissances générales et surtout s'ils préparent les notions de droit assez restreintes qui sont exigées. La durée du surnumérariat est de deux ans au moins pendant lesquelles les surnuméraires reçoivent une indemnité variable de 1.800 francs environ.

G. — Trésorerie d'Algérie et des colonies

(De vingt-deux à trente ans)

Concours analogue au précédent, ouvrant une carrière qui va de 1.800 francs (commis) à 8.000 francs (payeur principal).

F. — Ecoles pratiques d'agriculture

Elles tiennent le milieu entre les fermes-écoles qui servent à former de bons ouvriers ruraux et les Écoles nationales d'agriculture (Voir p. 97).

Elles peuvent convenir à des garçons de quinze ou seize ans, forts, aptes aux travaux des champs, en ayant puisé le goût dans leur entourage ou le tenant de l'hérédité et qui, leur service militaire fait, peuvent se trouver à la tête d'un petit domaine ou de la somme nécessaire pour le louer et se procurer le matériel d'exploitation.

Ce n'est point le lieu de chanter ici les louanges de l'agriture. Nous ne saurions trop cependant conseiller aux jeunes gens qui terminent leurs études à la fin du premier cycle de se détourner de l'administration. Ils y sont voués, pour la vie, à la carrière rétrécie du petit employé, et végètent jusqu'à la vingtième année avec des traitements qui ne dépassent pas 1.200 francs, tout cela dans des villes, avec des pensions et des chambres d'hôtel relativement chères. C'est la misère en tenue bourgeoise.

Les parents qui rêvent pour leurs fils la situation tranquille du petit fonctionnaire ne voient pas en effet, le plus souvent, tous les périls auxquels ils l'exposent, surtout dans une grande ville. Que faire avec cent francs par mois, dont soixante au moins sont pris par la pension et vingt par la chambre ? C'est toute une période de misère à laquelle beaucoup ne survivent pas. La statistique de la tuberculose chez les employés des postes et télégraphes est, à ce sujet, fort significative.

Il nous semble qu'avec de la prudence et de la bonne volonté, soit dans le commerce, soit dans l'agriculture, on peut mener une vie, moins exempte de soucis peut-être mais plus large que dans les derniers degrés de l'administration.

Il existe, en France, 54 écoles pratiques d'agriculture ; on y est reçu de quatorze à dix-huit ans, après un examen qui est à peu près le même pour chacune de ses écoles : Il comprend :

1° La langue française : dictée et grammaire ;

2° L'arithmétique et le système métrique ;

3° L'histoire et la géographie de la France.

Les élèves sortant du premier cycle aborderont donc sans peine cet examen.

CHAPITRE VII

SECOND CYCLE

SECTION A. — LATIN-GREC

CLASSES DE DEUXIÈME ET DE PREMIÈRE : PREMIÈRE PARTIE DU BACCALAURÉAT. — PHILOSOPHIE : SECONDE PARTIE DU BACCALAURÉAT.

(De 15 à 18 ans)

§ I

GÉNÉRALITÉS

Ce que nous disions de la première section du Premier Cycle au chapitre v est plus justifiable encore à propos de la première section du deuxième cycle. Il est évident que seuls, doivent s'y engager les élèves qui se sentent et auxquels leurs professeurs reconnaissent de véritables dispositions pour les lettres.

Après la *Première* (A), les élèves de ce cycle subissent les épreuves de la première partie du baccalauréat ; après la *philosophie*, les épreuves de la seconde partie (Voir le programme des épreuves page 19).

Les issues tout naturellement ouvertes par cet examen sont les suivantes :

§ II

CARRIÈRES OUVERTES A LA SORTIE DE LA PREMIÈRE SECTION DU SECOND CYCLE

A. — La Faculté des lettres. Le professorat de lettres des collèges et lycées

Il nécessite la préparation aux *Licences de lettres dans les Facultés des Lettres* (licences de grammaire, d'histoire et géographie, de langues vivantes, de philosophie), la préparation aux agrégations des lettres (grammaire, histoire et géographie, philosophie, lettres proprement dites, anglais, allemand, italien, espagnol).

Le traitement de début d'un professeur de collège est de 2.500 francs; celui d'un professeur de lycée, de 3.600 francs.

Ces titres divers peuvent être préparés à *l'école normale supérieure*. L'entrée de celle-ci est ouverte au concours. Le concours est préparé dans une classe dite *première supérieure* où sont approfondies les matières de la classe de *première* (A).

La *première supérieure* est instituée dans les lycés *dit de Facultés*, qui sont ceux des villes où siègent des Académies, et, à Paris notamment, dans les lycées *Henri-IV*, *Louis-le-Grand*, *Condorcet*.

La licence est un examen qui ne confère aucun droit. Elle est nécessaire pour enseigner dans les collèges à partir de la sixième. En fait, ce titre ne suffit pas pour obtenir une chaire de collège. Il faut, au moins, pour y arriver, faire un stage de cinq ou six ans, comme maître répétiteur de collège ou de lycée.

L'agrégation est un concours qui donne droit à une chaire de professeur dans un lycée.

Le professorat est une carrière encombrée et peu rémunératrice. La licence de lettres est, en réalité, un grade qu'on prend concurremment avec les grades des facultés de droit et pour compléter utilement ses connaissances générales.

Quant à l'agrégation, quelle que soit sa nature, elle s'obtient au concours. La moyenne des candidats reçus par rapport aux postulants est de 1 sur 10. Et il faut remarquer que les candidats, déjà sélectionnés par les difficiles épreuves de la licence, sont des concurrents très sérieux au moins dans la proportion de 80 0/0.

La préparation à l'agrégation exige, d'autre part, une rigoureuse discipline d'intelligence et surtout de mémoire à laquelle se prête difficilement un esprit de vingt ans, muni de quelque indépendance. Elle réserve au plus grand nombre, avec les cinq ou six ans d'études qu'elle nécessite après la licence, de grosses désillusions.

Ces désillusions sont d'autant plus fortes que l'enseignement libre disparaît peu à peu et avec lui les moyens de vivre, accessoires, qui s'offraient encore, il y a une dizaine d'années, au candidat à l'agrégation.

Nous ne saurions trop déconseiller le professorat de lettres. C'est à s'y préparer depuis vingt ans, que se sont formés le plus de déclassés et de faux hommes de lettres.

Il exige d'ailleurs des efforts, une continuité et une somme de travail qui, utilement employés dans d'autres carrières administratives (celles indiquées dans l'appendice de ce chapitre, surtout), sont facilement couronnés de succès.

B. — L'École de Droit et ses débouchés

Elle mène à la licence en droit, aux doctorats en droit, aux agrégations de droits.

Les études de droit sont fort longues. Elles comptent trois ans pour la licence, deux pour le doctorat, quatre ou cinq pour l'une ou l'autre des agrégations. Elles mènent à des situations indépendantes, à des situations judiciaires, à des situations administratives.

Situations indépendantes : La licence est suffisante pour la profession *d'avocat* dont il est inutile de dire qu'elle est encombrée et qu'elle ne fait pas vivre un sur vingt de ceux qui la cultivent.

Elle donne accès aussi aux charges de *notaires*, d'*avoués*, de *greffiers* qui s'achètent fort cher.

Les situations *indépendantes* auxquelles mène le droit nécessitent donc de la fortune ou beaucoup de courage et d'intelligence de la part de l'étudiant pauvre, obligé pour vivre de se placer dans une étude aux appointements de cent ou cent-cinquante francs par mois.

Les *situations de la magistrature* n'en exigent guère moins. Ce n'est guère que vers trente ans, après avoir été gratuitement juge suppléant ou attaché à un parquet, qu'un docteur en droit devient juge ou substitut. A ce moment, il ne gagne pas trois mille francs.

Situations administratives : A vrai dire, celles qui paraissent encore le plus rapidement acquises, sont les *situations administratives*, que nous indiquons à la fin de ce chapitre. Mais elles exigent des concours difficiles par le nombre de candidats qui s'y présentent. S'il faut dire pour être sincère qu'un emploi dans l'une de ces administrations offre d'assez estimables loisirs, il est non moins juste de remarquer que les débuts y sont bien modestes (de 2.000 à 2.500 francs), surtout pour Paris. Et il y a loin de la chaise paillée du rédacteur au fauteuil du chef de bureau!

A côté de l'école de droit, il faut citer *L'Ecole des Chartes*, *l'Ecole des sciences politiques*, *l'Ecole des Langues orientales*, dont on suit les cours concurremment avec l'école de droit et qui préparent aux concours que nous indiquons ci-dessous.

Le licencié de droit ou de lettres fera bien de tourner aussi ses regards du côté des colonies. Soit dans la magistrature, soit dans l'administration quelques places sont à prendre, plus facilement qu'en France. Les situations dans la magistrature coloniale ne sont pas aux concours; presque toutes celles de l'administration sont au contraire obtenues par voie de concours.

***

Ce qu'il y a peut-être de mieux à conseiller à des jeunes gens qui à la sortie du baccalauréat dont nous nous occupons sont encore incertains — et la plupart doivent l'être — c'est de préparer de front une licence de lettres, et le doctorat en droit et de suivre en même temps les cours de l'Ecole des Chartes ou des Sciences politiques qui les mènent le plus directement à leur but. Avec un peu de méthode, ce cumul du travail est possible. Il est à remarquer d'ailleurs que la plupart des jeunes gens qui, soit au barreau, soit dans l'administration, sont arrivés à des situations brillantes, étaient munis dès la vingt-cinquième année du doctorat en droit et de la licence ès lettres.

La licence de lettres donne de solides connaissances

générales, la maturité de l'esprit, la facilité de l'élocution et du style ; le doctorat en droit donne des connaissances pratiques.

Muni de cette préparation à la vie, le jeune homme, vers la vingt-cinquième année, ne manque pas de pouvoir aborder avec succès la plupart des concours que nous allons indiquer. Mais il est à craindre que la licence seule ou le doctorat en droit le laisse désarmé : la première comme peu pratique, le second comme exigeant presque exclusivement une préparation de mémoire, au cours de laquelle l'esprit reste au point de maturité de la dix-huitième année.

C. — Les carrières administratives

1° Ministère des Affaires étrangères

I. — Renseignements généraux

1° Le *corps diplomatique* se compose de :

	Traitement
40 Ambassadeurs..............	40.000 fr.
41 Ministres plénipotentiaires de 1re classe................	30.000 —
15 Ministres plénipotentiaires de 2e classe..................	24.000 —
18 Secrétaires de 1re classe.....	4.000 à 16.000 —
24 — 2e —	
30 — 3e —	
12 Attachés d'ambassade.......	1.500 —

2° Le *corps consulaire* se compose de :

	Traitement
40 Consuls généraux...........	18.000 à 55.000 fr.
50 Consuls de 1re classe........	14.000 à 35.000 —
[illegible] — 2e —	

16 Consuls suppléants..........	5.000 —
24 Élèves-Consuls..............	1.500 —
80 Vice-Consuls...............	6.000 à 20.000 —

Les chiffres ci-dessus ne comprennent pas, pour les ambassadeurs et les ministres, les allocations pour frais de loyer et de réception, ni les indemnités pour frais d'installation; pour les secrétaires, les indemnités pour frais d'installation; pour le corps consulaire, les sommes représentant les frais d'abonnement, les primes de séjour et les indemnités pour frais d'installation.

3° L'*Administration centrale* se compose de :

	TRAITEMENT
2 Directeurs..................	20.000 fr.
3 Chefs de division...........	12.000 à 15.000 —
7 Sous-directeurs.............	10.000 à 14.000 —
23 Rédacteurs et chefs de bureau	4.000 à 8.500 —
10 Sous-chefs de bureau.......	5.000 à 6.800 —
63 Attachés payés.............	2.000 à 5.600 —

Les emplois de l'administration centrale ne sont pas tous accessibles aux agents recrutés par le concours, qui ne leur ouvre que les deux directions politique et commerciale :

4° *Chancelleries.* — Les élèves-chanceliers sont nommés par le ministre, parmi les jeunes gens pourvus du baccalauréat.

Pour prendre part au concours de rédacteur au ministère des Affaires étrangères, d'attaché d'ambassade ou d'élève-consul, il faut avoir de vingt et un à vingt-sept ans, et justifier entre autres titres d'une licence de droit ou de lettres.

II. — CONCOURS

Le concours comporte une épreuve d'admissibilité et une épreuve définitive.

L'épreuve d'admissibilité consiste en :

a) Une composition écrite sur l'histoire diplomatique depuis le traité d'Utrecht jusqu'au traité de Berlin ;

b) Une composition écrite sur un sujet de droit international public ou privé ;

c) Un thème anglais ou allemand.

Pour prononcer l'admissibilité, le jury joindra aux notes obtenues pour ces compositions la note d'aptitude professionnelle attribuée aux candidats dans les conditions indiquées à l'article suivant. Cette note sera multipliée par le coefficient 2.

Une note d'aptitude professionnelle est donnée aux candidats par une commission désignée chaque année par le ministre et composée de huit membres recrutés parmi les fonctionnaires et agents du ministère des Affaires étrangères, dont la moitié au moins auront rempli à l'étranger des fonctions de la carrière diplomatique ou consulaire.

Chacun des membres de la commission verra individuellement les candidats aussi souvent qu'il le jugera nécessaire pour se former une opinion sur leur caractère, leur éducation et leurs aptitudes. Les membres de la commission prendront en outre connaissance des travaux qui seront remis au service du personnel par les candidats sur des sujets librement choisis par eux, parmi les matières du concours et dont ils indiqueront avant le 1er décembre le plan et la bibliographie sommaire. L'un des travaux devra être déposé avant le 1er janvier, le second avant le 1er février.

Ces conversations et ces travaux feront l'objet, de la part de chacun des membres de la commission, d'un rapport écrit.

L'épreuve définitive consiste :

a) En un exposé oral de dix minutes au maximum sur

un sujet d'histoire contemporaine de 1815 jusqu'à nos jours et dont le sujet sera tiré au sort. Il sera alors accordé à chaque candidat une demi-heure de préparation. Tous documents imprimés ou manuscrits lui seront interdits à peine d'exclusion;

b) En une interrogation sur un sujet de droit international public ou privé;

c) En une interrogation sur la géographie économique, l'expansion coloniale des États européens et les principes généraux de l'économie politique et de la science financière;

d) En une analyse verbale et en langue étrangère d'un document de même langue qui sera lu par le candidat.

Les résultats des épreuves seront déterminés par des notes exprimées en chiffres et variant de 0 à 20.

Tout candidat qui, pour l'une quelconque des épreuves, aura obtenu une note inférieure à 5 sera exclu du concours.

Concours de difficulté abordable, mais dont doivent se détourner les jeunes gens qui n'ont pas une solide fortune. On sait, en effet, que la carrière à laquelle il conduit impose de grands frais de représentation.

1° — Conseil d'Etat

CONCOURS POUR L'AUDITORAT DE DEUXIÈME CLASSE

I. — RENSEIGNEMENTS GÉNÉRAUX

Le *Conseil d'Etat* se compose de :

	TRAITEMENT
Le Ministre de la Justice, Président.	
1 Vice-Président	25.000 fr.
5 Présidents de section	18.000 —
26 Conseillers d'État	16.000 —

1	Secrétaire général ayant rang de Maître des requêtes	12.800 fr.
32	Maîtres des requêtes	8.000 —
18	Auditeurs de 1re classe	4.000 —
22	— 2e —	2.000 fr.[1]

II. — MATIÈRES DU CONCOURS

Les épreuves du concours portent sur les matières suivantes :

a) Sur les principes du droit politique et constitutionnel français ;

b) Sur les principes généraux du droit des gens ;

c) Sur les principes généraux du droit civil français et organisation judiciaire de la France ;

d) Sur l'organisation administrative et sur les matières administratives ;

e) Sur les éléments d'économie politique.

Il y a des épreuves préparatoires et des épreuves définitives.

Les épreuves préparatoires comprennent une composition écrite, sur un sujet relatif au droit public ou à la législation administrative, et un exposé oral, d'un quart d'heure au plus.

Les épreuves définitives se composent d'une épreuve par écrit, sur un sujet commun à tous les candidats ,et d'un examen oral. L'épreuve par écrit consiste en une composition comportant l'application des matières du programme à une affaire déterminée ou à une question spéciale. L'examen oral a une durée de trois quarts d'heure.

---

1. Concours réputé très difficile et qui exige une préparation toute spéciale. Il faut de plus une belle fortune pour concilier un traitement de 2.000 francs avec les exigences de vie de cette fonction.

Le jury se compose de trois conseillers d'État, dont un faisant les fonctions de président, et de deux maîtres des requêtes.

3° — Cour des comptes

RENSEIGNEMENT GÉNÉRAUX

La *Cour des Comptes* se compose de :

		TRAITEMENT
1	Premier Président	30.000 fr.
3	Présidents de Chambre	25.000 —
1	Procureur général	30.000 —
18	Conseillers maîtres	18.000 —
1	Greffier en chef	15.000 —
26	Conseillers référendaires de 1re classe.	7.000 —
60	— 2e —	3.000 —
15	Auditeurs de 1re classe	2.000 —
10	— 2e —	2.000 —
	Les Conseillers référendaires de 1re et de 2e classe reçoivent en préciput et récompenses	5.000 —
	Et les auditeurs de 1re classe reçoivent en récompense	1.200 —

Le concours d'auditeur à la Cour des Comptes est de même nature que celui d'auditeur au Conseil d'État. Nous pouvons dire de cette fonction ce que nous avons dit pour la précédente.

4° — Inspection générale des Finances

1° RENSEIGNEMENTS GÉNÉRAUX

Le corps de *l'inspection générale des Finances* se compose de :

		TRAITEMENT
11	Inspecteurs généraux	15.000 fr.
16	— de 1re classe	9.000 —
18	— 2e —	6.000 —
18	— 3e —	4.000 —
26	— 4e —	3.000 —
	et Adjoints à l'Inspection	1.900 —

Une circulaire ministérielle du 16 septembre 1871 définit ainsi qu'il suit leurs fonctions : « L'inspection des finances est placée au plus haut degré de la hiérarchie financière ; elle représente le ministre, et son contrôle s'exerce sur tous les points qui touchent de près ou de loin à la gestion des deniers publics. »

Elle examine non seulement les comptabilités, mais encore tous les services administratifs financiers.

La France et l'Algérie forment onze divisions d'inspection confiées chacune à un inspecteur général, qu'assistent un inspecteur de chaque classe et un adjoint. En France, la tournée commence le 1er mai et finit dans la seconde quinzaine de novembre ; en Algérie, elle dure une année à compter du mois de février.

L'indemnité de tournée est de 3.600 francs pour les inspecteurs généraux et de 2.700 pour les inspecteurs et adjoints.

Pendant l'hiver, les inspecteurs restent à la disposition du ministre et sont souvent chargés de travaux à Paris, quelquefois d'enquêtes dans les départements ; dans ce dernier cas, ils reçoivent des indemnités spéciales.

Enfin les membres de l'inspection sont parfois détachés du service ordinaire pour des missions à l'étranger ; un certain nombre sont attachés d'une façon permanente au contrôle des comptes des compagnies des chemins de fer.

2° CONCOURS

Le programme des examens comprend :

L'arithmétique complète, y compris les progressions et les logarithmes et le calcul des annuités ;

Les éléments de géométrie et principalement la mesure des surfaces et des volumes ;

L'arpentage des terrains de petite étendue; les diverses méthodes et les instruments en usage, leur application au levé d'un polygone et la construction d'un plan;

Les règles et les formes de la comptabilité publique, et notamment la tenue des écritures en partie double;

L'organisation de l'administration centrale des Finances et les attributions principales de chacune des branches de service dont elle se compose;

La législation générale relative aux impôts et revenus publics;

La classification hiérarchique des agents des services financiers et administratifs par département, arrondissement et commune;

L'indication sommaire des fonctions dont ils sont chargés;

La législation générale relative à l'établissement des budgets de l'État, des départements et des communes, et aux opérations qui en sont la conséquence, soit en ce qui touche les diverses perceptions et l'acquittement des dépenses, soit à l'égard de la formation et du règlement des comptes;

L'organisation et les attributions du Conseil d'État, des conseils de préfecture et de la Cour des Comptes; et l'indication des principales attributions des fonctionnaires de l'ordre administratif;

La connaissance de la langue allemande ou de la langue anglaise.

Les anciens élèves de l'Ecole Polytechnique sont admis à prendre part au concours qui, au point de vue de la difficulté peut-être placé sur le même plan que ceux d'Auditeur à la cour des Comptes et au Conseil d'État. Il faut toutefois remarquer qu'il est l'un des rares qui donne immédiatement une situation administrative convenablement rétribuée.

5°. — Rédacteurs des Ministères, de la Préfecture de la Seine, de l'Assistance publique, de la Préfecture de Police.

Les concours divers pour l'entrée dans ces carrières se ressemblent tous. L'épreuve essentielle en est une composition difficile de droit administratif qui demande à un licencié en droit, voire à un docteur, une préparation spéciale.

Les situations qu'ils offrent sont analogues. De 2.000 francs comme rédacteur, à 15.000 comme directeur ou chef de division. Il ne faut point d'ailleurs se leurrer sur les difficultés d'arriver au sommet de cette hiérarchie et considérer comme fort enviable et difficile à atteindre la situation de chef de bureau qui va jusqu'à huit mille francs.

Nous donnons ci-après, à titre d'exemple, le programme du concours de rédacteur au ministère des Travaux publics.

PARTIE OBLIGATOIRE

	Coefficients
a) Écriture. — Une page d'écriture courante....	1
b) Orthographe. — Une dictée..................	3
c) Rédaction. — Une composition française. — Un rapport sur une question administrative.	6
d) Arithmétique. — Matières exigées à la première partie du baccalauréat de l'enseignement secondaire classique......................	3
e) Géographie. — Géographie détaillée de la France, de l'Algérie et des colonies. Géographie générale des autres pays..........	3
f) Droit. — Droit administratif et droit civil. (Matières comprises dans le programme des cours de l'école des ponts et chaussées)....	3
A reporter........................	19

PARTIE FACULTATIVE

	Coefficients
Report	19
g) *Langues étrangères*........................	1
h) *Connaissances diverses utiles au service* (dessin linéaire, algèbre, usage des tables de logarithmes, sténographie, etc.	1
TOTAL GÉNÉRAL.............. ..	21

L'examen écrit porte sur toutes les matières.

L'examen oral porte sur l'arithmétique, la géographie et le droit.

Les concours de Rédacteurs dans les grandes Administrations publiques sont fort recherchés parce qu'ils permettent à ceux qui les occupent d'avoir la sécurité du fonctionnaire sans être exposés à des déplacements.

Il importe donc de s'y préparer de longue main par une étude approfondie du droit administratif. Si l'on veut aussi faire une carrière importante dans une administration centrale, il faut y entrer jeune, dès la licence obtenue, soit vers la vingt-deuxième année, de manière à pouvoir postuler dès la trentaine pour l'emploi de sous-chef de bureau.

Ceci peut donner lieu d'ailleurs à un avertissement général. Ce qui perd bien des jeunes gens de la Faculté de Droit, ou de la Faculté des Lettres, c'est que jusqu'à vingt-cinq ans, le plus souvent, ils font de vagues études, dans un but bien déterminé. Ce n'est qu'après vingt-cinq ans qu'on se précipite et qu'on aborde les concours sans y être préparé.

Il importe au contraire que, dès dix-huit ans, l'élève de la Faculté de Droit ou de la Faculté des Lettres ait *son but*, et qu'il y songe, *son programme de concours futur* et qu'il s'y applique ne fût-ce que quelques minutes par jour. *A celui qui prendrait de telles précautions pour l'avenir, sans aucun doute, on peut prédire le succès.*

CHAPITRE VIII

SECOND CYCLE. — SECTION B. — LATIN-LANGUES VIVANTES

CLASSES DE DEUXIÈME ET DE PREMIÈRE : PREMIÈRE PARTIE DU BACCALAURÉAT. — PHILOSOPHIE : SECONDE PARTIE DU BACCALAURÉAT.

(De 15 à 18 ans)

§ I

LA CLASSE DE PHILOSOPHIE B

Cette section B du second cycle, tout comme la section C, dont nous parlerons plus loin, semble mener les élèves vers la classe de philosophie B. A vrai dire, si l'on compare les programmes de ces deux classes, on s'aperçoit qu'elles n'en font qu'une. Dans la philosophie B, on fait deux heures de latin; dans la philosophie A, on fait quatre heures de latin et grec. Voilà toute la différence. En réalité, il n'y a qu'une seule classe et un seul examen de philosophie.

Les élèves de cette section B doivent-ils aller en philosophie? Oui, s'ils se destinent à la faculté de droit et aux carrières qu'elle ouvre, énumérées plus haut (Voir p. 68). Non, semble-t-il, s'ils se destinent à l'une des grandes écoles du gouvernement (Polytechnique, Navale, Saint-Cyr, Institut agronomique, Centrale). Pour toutes ces écoles, en effet, sauf pour Centrale, la question d'âge est *essentielle* et la partie mathématique est *prédominante*. L'élève a donc tout intérêt à entrer dans la classe de mathématiques. D'autre part, les connaissances littéraires acquises en *première* sont suffisantes, sauf pour Polytechnique, pour qu'il puisse faire bonne figure dans les compositions littéraires des concours énumérés ci-après.

§ II

CARRIÈRES AUXQUELLES CONDUIT LA SECTION B DU SECOND CYCLE

A. — Saint-Cyr

Au concours de Saint-Cyr, les *épreuves écrites* comprennent :

1° Une composition française de la force de la classe de première (narration, discours, lettre, rapport, dissertation).

Toute composition qui n'obtient pas la note minimum 5 (échelle de 0 à 20) entraîne l'exclusion ;

2° Une composition sur un sujet d'histoire, pris dans le programme de l'examen et pouvant comprendre une question de géographie ;

La composition d'histoire sera appréciée au point de vue

de l'intelligence historique, de la valeur littéraire, et, s'il y a lieu, des connaissances géographiques ;

3° Un thème allemand : les caractères allemands seront employés pour l'écriture de ce thème ; le texte sera accompagné, s'il est nécessaire, de quelques indications pour les mots et les tournures qui sortiraient de la pratique usuelle. — Une version allemande autographiée. — Le thème et la version sont faits sans l'aide de lexique ou dictionnaire ;

4° Une composition mathématique comprenant des questions de difficulté graduée ;

5° Un calcul logarithmique : résolution de triangles (on se servira exclusivement de tables à cinq décimales). Les candidats ne peuvent se présenter qu'avec une table de logarithmes, tout autre secours leur étant formellement interdit ;

6° Le tracé d'une épure de géométrie cotée d'après des données numériques simples ;

7° La copie ombrée d'un paysage ; dans le modèle donné figurent des constructions. Les assises de l'une au moins de ces constructions, indépendamment de sa position quelconque par rapport à la ligne d'horizon, ne sont pas parallèles à la ligne de terre.

Les *examens oraux* portent surtout sur l'histoire, la géographie, l'allemand, les mathématiques.

B. — Polytechnique

Au concours de Polytechnique, les *épreuves écrites* comprennent :

1° Une composition sur le cours de mathématiques spéciales, y compris la mécanique ;

2° Une épure de géométrie descriptive ;

3° Une composition française;

4° Une composition de physique et de chimie;

5° Un calcul trigonométrique;

6° Le lavis d'un dessin remis aux candidats ou qui devra être exécuté par eux d'après un croquis coté;

7° Un dessin d'après la bosse (ornements, buste, torse, etc.).

Les épreuves *orales* pour Polytechnique portent surtout sur les mathématiques, la physique et la chimie.

Le concours d'admission à cette dernière école est beaucoup plus difficile que celui de Saint-Cyr. Il faut remarquer d'ailleurs que l'école polytechnique offre plus de débouchés. Outre la situation assurée par le Gouvernement (armée, commissariat de la marine et des colonies, manufactures de l'Etat, Usines, Ponts et Chaussées), l'élève sortant de Polytechnique, avec autant de chance que l'élève de Centrale, peut se faire une place dans les grandes administrations privées, notamment les mines et les chemins de fer.

L'élève de Saint-Cyr reste au contraire voué à la carrière militaire qui, tant par les difficultés du début que par les lenteurs de l'avancement, réclame du militaire un grand dévouement à son métier.

C. — Ecole Navale

Pour l'école navale, les candidats doivent avoir quinze ans au moins et n'avoir pas accompli leur dix-huitième année avant le 1er janvier de l'année du concours (pour le concours de 1903 par exemple, la date de naissance est comprise entre le 1er janvier 1885 et le 31 décembre 1887 inclusivement :

Les *épreuves écrites* consistent en :

1° Une composition d'arithmétique et d'algèbre.

Une composition trigonométrique, consistant dans la résolution numérique d'une formule donnée;

2° Une composition de géométrie, et une composition de géométrie descriptive ;

3° Une composition de physique, comprenant nécessairement un exercice sur des applications pratiques;

4° Une composition française, sur un sujet se rattachant au programme d'histoire ou de philosophie (sous forme de narration, discours, lettre, rapport, dissertation);

5° Un thème anglais, sans dictionnaire ni lexique;

6° Une composition de dessin d'après la ronde bosse.

Les *épreuves orales* comprennent :

1° Anglais, histoire et géographie;

2° Français, latin ou allemand;

3° Géométrie, géométrie descriptive et mécanique;

4° Arithmétique, algèbre et trigonométrie ;

5° Physique, chimie et histoire naturelle.

La limite d'âge pour cette école est si rigoureuse que nous ne conseillons pas aux élèves qui veulent s'y préparer, d'aller jusqu'au baccalauréat, celui-ci n'étant pas exigé. Le premier cycle terminé, après la troisième, ils feront bien d'entrer dans une préparation spéciale (Lycée Saint-Louis à Paris, Lycées de Brest et de Rochefort).

D. — Conditions d'âge

Pour Saint-Cyr, le candidat doit justifier qu'il a eu dix-sept ans accomplis et qu'il compte moins de vingt ans au 1er janvier de l'année du concours.

Pour Polytechnique, le candidat doit justifier qu'il a dix-sept ans au moins au 1er janvier de l'année du concours et vingt et un ans au plus.

En raison même de la difficulté où se trouvent les candidats de préparer leur examen de philosophie, des majorations de points leur sont accordées s'ils témoignent par le diplôme qu'ils y ont réussi. Voici ces majorations :

Pour Saint-Cyr, 25 points; pour Polytechnique, 30 points.

Les conditions d'âge pour l'École Navale ont été données plus haut.

Comme on peut s'en apercevoir, les jeunes gens qui se destinent aux grandes Écoles citées plus haut sont tenus de fournir une somme de travail très importante en deux années de travail ou trois au plus. Ils se condamnent jusqu'à la vingtième année à la discipline plus rigoureuse du lycée, tandis que leurs camarades des Facultés jouissent de toute leur liberté.

La conclusion à retirer de ce qui précède, c'est qu'avant d'entrer dans une classe préparatoire à une grande École, les jeunes gens doivent consulter leurs forces avec soin et ne point se laisser leurrer par l'attrait de l'épaulette. Ils ont en effet besoin pour réussir d'une *santé excellente* qui permette pendant deux années au moins et sans interruption un travail de *dix heures par jour*, *d'une facilité de travail et d'assimilation*, dépassant la moyenne pour Polytechnique, et grâce à laquelle des programmes chargés et variés pourront être étudiés et retenus dans tous leurs développements.

Si le futur Saint-Cyrien, ou le futur Polytechnicien ne se sent point ces qualités, qu'il renonce à son rêve. Il ne réussira qu'à perdre trois années de sa vie dans une discipline inutile pour arriver à solliciter ensuite de l'autorité militaire un engagement de quatre ans.

E. — Où préparer l'examen de philosophie ?

La section B du second cycle convient également aux élèves qui se destinent à la médecine et à la pharmacie, à l'école coloniale, à l'école des langues orientales. Ces deux dernières écoles fournissent le personnel des fonctionnaires coloniaux, des chancelleries et des consulats, notamment les interprètes. Il est trop clair que pour ces différentes carrières l'élève a intérêt à remplacer le grec par l'étude plus approfondie des langues vivantes.

Nous conseillons pour ces différentes carrières d'aborder la classe de philosophie qui, plus que les mathématiques, donne à l'esprit de l'ampleur et de la maturité. Mais, à ce propos, nous nous risquerons à dire qu'un élève moyen, qui veut préparer son examen de philosophie et profiter de sa préparation, a tout intérêt à éviter les cours faits dans les grands lycées, notamment ceux de Paris. Le professeur qui reçoit dans sa classe les élèves de première supérieure se destinant à l'école normale (Voir p. 64) s'élève trop souvent au-dessus de la pensée de jeunes gens de dix-sept ans et ne prend guère la peine de les initier à l'abord redoutable des idées générales. Les corrections de devoir ne sont pas non plus assez nombreuses ; en sorte que, même à l'ombre d'une chaire éloquente, l'élève d'un grand cours de philosophie en sort souvent sans savoir autre chose qu'un memento appris par cœur quinze jours avant l'examen.

CHAPITRE IX

SECOND CYCLE. — SECTION C. LATIN-SCIENCES

CLASSES DE DEUXIÈME ET DE PREMIÈRE : PREMIÈRE PARTIE DU BACCALAURÉAT. — PHILOSOPHIE OU MATHÉMATIQUES : SECONDE PARTIE DU BACCALAURÉAT.

(de 15 à 18 ans)

La première épreuve de cette section se distingue de l'épreuve correspondante de la section précédente en ce que la composition de langues vivantes se trouve remplacée par la composition de mathématiques et de physique. Il semble donc bien que les élèves qui subissent cette première épreuve doivent se détourner de la philosophie pour entrer ensuite en mathématiques.

Rien ne les empêche d'ailleurs d'entrer en philosophie et, comme nous l'avons déjà dit, ces différentes options qui leurs sont offertes ont encore moins pour but de les spécialiser immédiatement que de leur former l'esprit soit pour la vie, soit pour des études supérieures, par des enseignements librement choisis.

Nous conseillons toutefois cette section aux candidats

qui se destinent à l'Ecole Polytechnique, en raison même des connaissances qu'on y enseigne. Ils trouveront en effet plus d'avantages à s'initier au plus vite à leurs futures études de mathématiques par la composition de sciences ; d'autant plus qu'au concours de Polytechnique, l'épreuve de langues vivantes a moins d'importance que pour Saint-Cyr.

Pourtant, il ne faut pas oublier que, pour l'Ecole Polytechnique, on demande une composition de philosophie, affectée du plus élevé coefficient. Un élève qui n'a pour lui que le bagage littéraire de la *première* est mal préparé à traiter cette composition. Elle exige en effet des connaissances assez précises d'histoire des Sciences et de Logique appliquée.

L'idéal est donc pour un élève *très intelligent et très travailleur*, qui se prépare à l'examen de Polytechnique, de préparer simultanément son examen de philosophie et son examen de mathématiques, en un an, après la première épreuve.

Ce cumul n'est pas impossible, la partie scientifique n'existant pas pour l'élève de *mathématiques* qui prépare la *philosophie*. Le programme de philosophie est d'ailleurs assez rapidement acquis par un esprit juste et raisonnant avec facilité. Quant à la dissertation, *une par quinzaine* suffit à un élève qui est sorti de première en écrivant facilement et correctement.

CHAPITRE X

SECOND CYCLE. — SECTION D. SCIENCES-LANGUES VIVANTES

DEUXIÈME, PREMIÈRE, PREMIÈRE PARTIE DU BACCALAURÉAT. — MATHÉMATIQUES (SECTION B)

(De 15 à 18 ans)

§ I

GÉNÉRALITÉS

Cette dernière section du second cycle est tout naturellement offerte aux élèves de la seconde section du premier cycle qui n'ont fait ni grec, ni latin.

Elle convient aux fils de commerçants qui se destinent aux affaires et ont besoin de solides connaissances pratiques, aux industriels qui ne veulent pas poursuivre plus avant leurs études. Les débouchés suivants semblent d'autre part lui être plus particulièrement offerts.

Il importe de remarquer d'ailleurs que la classe de mathématiques A ne diffère de la classe de mathématique B que par une heure d'allemand.

L'une et l'autre mènent au même examen. Comme à propos de la philosophie, nous croyons pouvoir dire qu'il y a là une distinction inutile.

§ I

CARRIÈRES AUXQUELLES CONDUIT LA SECTION *D* DU SECOND CYCLE

Le professorat de sciences

Nous en dirons ce que nous avons dit du professorat de lettres (Voir p. 64).

Les licences de sciences qui s'obtiennent dans les facultés des sciences, après un an de mathématiques spéciales et deux ans de préparation ne donnent droit à aucun poste dans l'Université.

Les agrégations de sciences (mathématiques, sciences physiques, sciences naturelles) sont, d'autre part, aussi difficiles à obtenir que les agrégations de lettres.

Le professorat de sciences est également préparé à l'Ecole Normale supérieure, où l'on entre, par concours, après deux ou trois ans de préparation dans la Classe de Mathémathiques spéciales. (Classe préparatoire à l'Ecole Polytechnique.) Les Concours de Polytechnique et de Normale sont analogues et les candidats trés sérieux se présentent indistinctement à l'un ou à l'autre.

Il faut noter cependant qu'un licencié de sciences, avec

un peu d'habileté, peut se placer dans l'industrie. Il lui est offert, notamment, l'Ecole suivante :

L'Ecole supérieure d'Electricité

A Paris, où l'on entre par concours. On en sort avec un brevet d'ingénieur électricien qui est assez apprécié dans l'industrie. Il est à craindre, toutefois, qu'il y ait, d'ici une dizaine d'années, trop d'ingénieurs électriciens. L'encombrement se fait déjà sentir.

L'Ecole centrale

Où l'on accède par concours, sans limite d'âge, après un an ou deux ans de mathématiques spéciales et surtout de dessin.

Voici, du reste, le programme des épreuves d'admission à l'École centrale. Compositions écrites sur :

1° La langue française ;
2° L'arithmétique ;
3° La géométrie élémentaire ;
4° L'algèbre ;
5° La trigonométrie ;
6° La géométrie analytique à deux et à trois dimensions ;
7° La géométrie descriptive ;
8° La mécanique ;
9° La physique ;
10° La chimie ;
11° Le dessin à main levée, le dessin au trait et le lavis.

En raison de l'importance croissante que présente pour les ingénieurs la connaissance des langues, tout candidat, quelle que soit sa nationalité, est admis, s'il en fait la demande à passer un examen sur une ou plusieurs des langues suivantes : *anglais, allemand, espagnol et russe.* L'examen est oral et public. Il consiste en :

1° La traduction française d'un texte écrit dans la langue sur laquelle porte l'épreuve ;

2° Une conversation en ladite langue.

Les cours de l'Ecole centrale durent trois ans. L'Ecole délivre soit le *diplôme d'ingénieur des Arts et Manufactures,* soit le *certificat de capacité* aux élèves qui n'ont pu obtenir le diplôme.

La rétribution mensuelle pour chaque année d'études est de 1.000 francs environ, et les élèves ne sont qu'externes. L'Ecole centrale est donc fort dispendieuse, puisqu'elle coûte en *externat* ce que les autres (Polytechnique, Saint-Cyr) coûtent en *internat.* Encore est-il assez facile d'obtenir des bourses dans ces dernières. Elle n'assure pas de situation à l'élève, même reçu ingénieur, à sa sortie. Les cours de l'Ecole centrale sont très chargés. Et la difficulté de les suivre autant que de les tenir à jour s'aggrave de ce que les Centraux sont externes, par suite exposés à concilier avec peine l'agrément de la liberté et les lourdes obligations de leur travail quotidien. Aussi est-il reconnu qu'il est plus facile d'entrer à l'Ecole centrale que de s'y maintenir.

Cette école convient surtout aux fils d'industriels ou aux jeunes gens qui aperçoivent, dès leur entrée à l'école, un débouché dans l'industrie. Elle est donc l'une de celles dont il importe de n'aborder la préparation qu'après mûre réflexion.

Comme les épreuves d'admission à cette école sont toutes scientifiques, la section sciences langues vivantes des deux cycles semble toute désignée à ceux qui veulent s'y préparer.

Les Ecoles Polytechnique et de Saint-Cyr

D. Les *Ecoles Polytechnique et de Saint-Cyr*, avec les réserves que nous avons faites toutefois sur la nécessité, pour aborder les concours de ces Ecoles, d'une préparation littéraire (Voir page 79).

Les Ecoles supérieures des Mines et des Ponts et Chaussées.

En qualité d'élève libre, et après un concours qui demande un an de préparation après le baccalauréat.

Nous donnons ci-dessous les conditions générales d'admission pour l'*Ecole des Ponts et Chaussées*. Elles sont analogues pour l'*Ecole des Mines*.

Cette école comprend des *élèves ingénieurs* sortant de Polytechnique et qui y entrent en vertu de leur classement à la sortie de cette école, des *élèves libres* qui entrent à l'Ecole des Ponts et Chaussées par voie de concours. Il leur est délivré après leurs trois années d'études, s'ils obtiennent 65 0/0 des points qui peuvent être acquis pendant tout le cours de l'enseignement, le *diplôme d'Ingénieur des constructions civiles*.

Ce titre peut être utile pour être employé dans de grandes entreprises de construction. Il donne à celui qui le possède les plus grandes chances d'être reçu au concours de conducteur des Ponts et Chaussées. Il peut en outre être nommé conducteur principal de 4e classe de la ville de Paris, sans être astreint à subir les examens, s'il remplit les conditions de nationalité, d'âge et d'aptitude physique, imposées par les règlements.

Les candidats doivent avoir pour se présenter dix-huit ans révolus et moins de vingt-sept ans.

Les connaissances exigées pour être admis à l'Ecole des Ponts et Chaussées comme élève des cours spéciaux comprennent : l'arithmétique, la géométrie élémentaire, l'algèbre, la trigonométrie rectiligne, la géométrie analytique à deux et à trois dimensions ; des notions de géométrie descriptive avec application à la coupe des pierres et à la charpente ; des notions de calcul différentiel et intégral, de mécanique, de physique et de chimie, d'architecture.

L'Ecole supérieure des Mines de Saint-Etienne

Avec les deux précédentes, cette école fournit la plus grosse partie des ingénieurs des Mines et des Ponts et Chaussées, employés dans l'industrie. Concours analogue à celui de l'école des Mines et des Ponts et Chaussées.

Commis des Ponts et Chaussées et des Mines

Les jeunes gens munis d'un baccalauréat peuvent faire une demande au Ministère des Travaux Publics, pour être attachés en qualité de commis au service d'un ingénieur des Ponts et des Mines. C'est la voie toute tracée pour le concours de

Conducteur des Ponts et Chaussées

On peut aborder ce concours de dix-huit à trente ans. Il est composé, en plus, des épreuves techniques, d'épreuves d'arithmétique, de géométrie, de trigonométrie, du programme de mathématiques élémentaires.

Nous donnons à titre d'exemple le programme de ce concours. Les trois suivants présentent des difficultés analogues.

1° *Ecriture courante*;

2° *Dictée.* — Rédaction d'un rapport sur une affaire de service;

3° *Arithmétique.* — Questions de cours et problèmes;

4° *Géométrie.* — Questions de cours et problèmes;

5° *Trigonométrie.* — Problème trigonométrique de pratique usuelle et calcul d'une expression trigonométrique;

6° *Croquis à main levée.* — (Il n'est pas nécessaire que le croquis soit passé à l'encre);

7° *Dessin graphique d'un ouvrage d'art;*

8° *Avant-métré d'un ouvrage d'art;*

9° *Lever d'un plan;*

10° *Nivellement au niveau à bulle d'air.* — (Le temps de cette épreuve est laissé à l'appréciation de la Commission départementale);

11° *Rédaction d'un projet de route avec ponceau en fer ou en maçonnerie.*

Les épreuves orales portent sur l'arithmétique, l'algèbre, la physique, la résistance des matériaux, l'hydraulique, la trigonométrie rectiligne, la géométrie descriptive, le lever de plan et nivellement, la pratique des travaux et du service et des notions sommaires de droit administratif.

Contrôleur des mines

De vingt et un à trente ans. Même observation que pour le précédent concours.

Commissaire de surveillance administrative des chemins de fer.

De vingt-cinq à trente ans. En dehors d'un programme juridique assez restreint, la section siences, langues vivantes du baccalauréat est une bonne préparation à ce concours.

Vérificateur-adjoint des poids et mesures.

De vingt-cinq à trente ans. L'âge minimum de ces différents concours étant assez élevé, on y rencontre évidemment des candidats déjà munis d'une autre situation, notamment des instituteurs. Les traitements afférents aux différentes carrières énumérées ci-dessus vont de 2.000 à 5.000 francs.

Inspecteur du Travail dans l'Industrie

Ce concours peut être abordé de vingt-six à trente-cinq ans.

Il comporte pour les épreuves écrites :

1° Une composition sur une question se rattachant aux lois réglementant le travail. Cette composition est également jugée au point de vue de la connaissance de la langue française ;

2° Une composition relative à l'hygiène industrielle ;

3° Une composition sur une question de mécanique industrielle.

Les traitements afférents à cette carrière vont de 3.000 à 8.000 francs.

Sans offrir, en apparence, des difficultés plus grandes ce concours peut conduire à une situation plus avantageuse que les précédents.

Aucun titre n'est exigé pour s'y présenter.

On y rencontre beaucoup de candidats déjà munis d'une autre situation.

Surnumérariat dans l'Administration de l'Enregistrement des Domaines et du Timbre

Les candidats doivent produire le baccalauréat et être âgés de dix-huit à vingt-cinq ans.

Le programme du concours est fixé ainsi qu'il suit :

1° Solution de problèmes d'arithmétique ;

2° Rédaction d'une note sur des questions de droit administratif et de droit civil ;

3° Rédaction d'une note sur un sujet d'économie politique, de finances ou d'impôt.

Ce concours, assez abordable, convient aux jeunes gens qui, en faisant leurs études de droit, sont pressés de se trouver une situation.

La durée du surnumérariat est de deux ans au moins, pendant lesquels le surnuméraire reçoit une indemnité qui ne dépasse pas 1.800 francs.

L'Institut agronomique

L'institut agronomique a pour but de former :

1° Des agriculteurs et des propriétaires possédant les connaissances scientifiques nécessaires pour la meilleure exploitation du sol ;

2° Des professeurs spéciaux pour l'enseignement agricole dans les écoles nationales, les écoles pratiques d'agriculture, dans les départements, dans les écoles normales, etc.;

3° Des administrateurs pour les divers services publics ou privés dans lesquels les intérêts de l'agriculture sont engagés;

4° Des agents pour l'Administration des forêts; après deux ans passés à l'école des eaux et forêts;

5° Des agents pour l'Administrations des haras;

6° Des directeurs de stations agronomiques. Des chimistes pour les industries agricoles (sucreries, féculerie, distilleries, fabriques d'engrais);

Des ingénieurs agricoles (drainages, irrigation, construction de machines).

Les candidats peuvent se présenter à partir de dix-sept ans révolus le 1er janvier de l'année où ils se présentent. Ils subissent les épreuves suivantes :

Examen écrit. — Mathématiques (comprenant l'arithmétique, l'algèbre, la géométrie, la mécanique, le calcul logarithmique, la trigonométrie; composition française; sciences naturelles; physique et chimie; épure de géométrie descriptive; croquis coté.

Examen oral. — Mathématiques : arithmétique, algèbre, trigonométrie, mécanique, géométrie, géométrie descriptive, cosmographie; physique, chimie, sciences naturelles, langues vivantes.

Le concours d'admission à l'Institut agronomique est moins difficile que ceux de Polytechnique et de Saint-Cyr. Il faut remarquer toutefois que le diplôme d'ingénieur agricole ne donne pas droit à une situation administrative. L'école forestière est réservée aux élèves qui occupent les premiers rangs à la sortie de l'Institut. Encore n'est-elle accessible qu'aux jeunes gens fortunés en raison du traitement très modeste des fonctionnaires de l'Administration des forêts. Il en est de même pour les situations à prendre dans les haras.

L'externat est le régime de l'Institut. Un millier de francs de frais d'études par an.

Ecoles nationales d'agriculture

Les Ecoles nationales d'agriculture sont établies à Grignon (Seine-et-Oise), à Montpellier (Hérault) et à Rennes (Ille-et-Vilaine).

Les écoles de Grignon et de Montpellier reçoivent des élèves internes, des élèves demi-internes, des élèves externes et des auditeurs libres.

Les places d'internat et de demi-internat sont attribuées d'après le classement.

L'école de Rennes ne reçoit que des externes et des auditeurs libres.

Dans ces différentes écoles, les internes paient environ douze cents francs par an ; les externes subviennent à leur entretien et paient des frais d'étude.

Les élèves internes, demi-pensionnaires et externes suivent toutes les leçons et participent à tous les travaux, applications et exercices pratiques.

Les conditions d'admission et le concours sont les mêmes que pour l'Institut agronomique. Mais ce concours est plus facile. D'habitude, on prépare simultanément l'Institut agronomique et une école supérieure d'agriculture, en sorte que les élèves refusés à l'Institut agronomique ont bien des chances pour être reçus à Grignon où ils se présentent de préférence.

Les écoles d'agriculture ne donnent accès ni dans l'Administration des eaux et forêts ni dans l'Administration des haras.

Ecole coloniale

L'Ecole coloniale comprend quatre sections administratives, une section commerciale, une division préparatoire et une section indigène.

Les sections administratives sont les suivantes :

Commissariat des troupes coloniales ;

Carrières indo-chinoises ;

Carrières africaines ;

Administration pénitentiaire.

Sections administratives. — Le nombre des élèves à admettre dans chaque section administrative est fixé, chaque année, le 1er février, par le Ministre des Colonies après entente avec le Ministre de la Guerre pour la section du Commissariat. Ce chiffre est supérieur du tiers en moyenne aux vacances probables.

Les conditions exigées pour prendre part au concours sont les suivantes :

1° Etre Français ;

4° Etre âgé de dix-huit ans au moins et de vingt-trois ans au plus au 1er janvier de l'année de l'admission. Cette dernière limite est prolongée d'un nombre d'années égal à celui des années passées sous les drapeaux ;

3° Etre titulaire d'un diplôme de bachelier, d'un diplôme supérieur ou d'un certificat d'études délivré par l'Ecole des hautes études commerciales, l'Institut commercial de Paris, les Ecoles supérieures de commerce reconnues par l'Etat, l'institut agronomique ou un certificat d'admissibilité dans les 150 premiers à l'Ecole navale.

Les épreuves écrites comprennent :

1° Une épreuve de droit portant sur les matières enseignées dans les deux premières années de la Faculté de Droit, à l'exception du Droit romain. Les candidats qui ont satisfait à cette épreuve devant une Faculté de Droit en sont dispensés;

2° Une épreuve d'histoire générale de la colonisation française et étrangère, jusqu'en 1815;

3° Une épreuve d'histoire générale de la colonisation française et étrangère, de 1815 jusqu'à nos jours;

Géographie;

Version et thème anglais ou allemands.

Les épreuves orales comprennent :

La construction pratique;

L'hygiène et la médecine pratique;

La comptabilité pratique.

Les divisions mêmes des sections administratives indiquent les carrières auxquelles mène l'Ecole coloniale.

Section commerciale. — Pour suivre les cours de la section commerciale, il suffit d'être âgé de dix-sept ans et d'être agréé par le Conseil d'administration de l'Ecole. Les cours de la section commerciale durent un an. Ils comprennent les matières suivantes :

Régime économique des Colonies françaises;

Hygiène et médecine pratique;

Productions coloniales;

Langue anglaise ou allemande;

Langue annamite, arabe ou malgache;

Ils conviennent aux futurs commerçants qui ont des relations avec nos colonies et aux jeunes gens qui veulent s'expatrier. Pour les renseignements relatifs aux situations commerciales dans les Colonies, s'adresser à M. le Directeur de l'Office Colonial, Palais-Royal, Paris.

Inspection des Colonies

L'inspection des colonies a pour mission de sauvegarder les intérêts du Trésor et les droits des personnes, d'assurer le contrôle de l'universalité des services administratifs et financiers de nos établissements d'outre-mer et d'y constater l'observation des lois, décrets et règlements qui en régissent le fonctionnement.

Le corps de l'inspection des colonies se compose de :

	TRAITEMENT
2 Inspecteurs généraux de 1re classe....	16.000 fr.
2 — 2e classe....	14.000 —
7 Inspecteurs de 1re classe..............	11.000 —
5 — 2e —	9.000 —
4 — 3e —	7.000 —
2 Adjoints à l'inspection................	3.600 —

En dehors du traitement, les inspecteurs reçoivent une indemnité de résidence à Paris, et des frais de déplacement pendant la durée de leurs missions.

Les adjoints à l'inspection sont recrutés par voie de concours.

Les candidats doivent avoir satisfait aux obligations imposées par les lois sur le recrutement;

Avoir, au 1er janvier de l'année de concours, vingt-cinq ans au moins et trente-deux au plus;

Produire un certificat d'aptitude physique délivré par le service de santé du ministère des Colonies;

Et être pourvus du diplôme de docteur en droit, ou de licencié ès lettres ou ès sciences, ou d'un certificat attestant qu'ils ont satisfait aux examens de sortie de l'Ecole polytechnique.

Les fonctionnaires de ce corps sont régis par la loi du

19 mars 1834, sur l'état des officiers, par application de l'article 54 de la loi du 25 février 1901.

Le concours comprend deux épreuves écrites sur l'administration, les finances et l'économie politique, une épreuve de mathématique et une de langues étrangères. Les candidats déclarés admissibles subissent des épreuves orales sur l'administration, les finances, le droit, l'économie politique et sur les langues étrangères.

La carrière d'Inspecteur des Colonies, comme celle d'Inspecteur des Finances, est l'une de celles qui sont le plus avantageuses, dans l'Administration. Mais le concours pour la première ne le cède point en difficulté, au concours de la seconde. D'abord il y a fort peu de places. De plus, elle ne sont guère accordées qu'à des candidats qui ont pu se préparer de longue main dans le ministère dont ils recherchent l'Inspection et qui, en quelque sorte, en possèdent déjà les traditions (Rédacteurs au Ministère des Finances ou des Colonies, de préférence).

Administrateurs coloniaux

Le personnel des administrateurs coloniaux se compose de :

	TRAITEMENT
Administrateurs en chef, 2 classes..	15.000 à 17.000 fr.
Administrateurs, 3 classes..........	9.000 à 13.000 —
Administrateurs-adjoints, 3 classes.	5.000 à 8.000 —
Administrateurs-stagiaires.........	4.000 à 4.500 —

Les administrateurs stagiaires sont recrutés : parmi les élèves brevetés de l'Ecole coloniale, qui ont droit à la moitié des places vacantes ; la deuxième moitié étant réservée aux candidats ayant réussi à un concours dont le programme est arrêté par le ministre des Colonies.

6*

Peuvent prendre part au concours pour l'emploi d'administrateurs stagiaires : les candidats pourvus, soit d'un diplôme de licencié en droit, ès sciences ou ès lettres, ou de docteur en médecine, soit d'un diplôme de l'École des chartes, de l'Institut national agronomique ou de l'*Ecole des sciences politiques*, soit d'un certificat attestant qu'ils ont satisfait à l'examen de sortie de l'École polytechnique, etc. Ce concours porte spécialement sur l'histoire, la géographie, le Droit administratif, et sur un programme spécial relatif à l'hygiène et à l'agriculture coloniale. Il varie d'ailleurs avec les pays administrés (colonies d'Afrique et d'Asie, notamment).

Pour Madagascar, il n'a pas encore été institué de concours. L'un des titres énumérés page 98 suffit pour faire une demande. Elle doit être adressée par l'intermédiaire du Ministère des Colonies (Direction du personnel, de 10 heures à midi) à M. le Gouverneur général de Madagascar.

Nous croyons inutile d'appeler l'attention sur les avantages de la situation d'administrateur des Colonies, en même temps que sur tous les risques qu'elle entraîne avec elle. Six mois de congé, chaque trois ans; solde d'Europe, c'est-à-dire la moitié du traitement colonial.

Administrateurs pour l'Algérie

RENSEIGNEMENTS GÉNÉRAUX

Administration des communes mixtes. — L'administration des communes mixtes comprend des administrateurs et des administrateurs-adjoints.

Les administrateurs de communes mixtes sont répartis en cinq classes, dont les traitements sont respectivement de : 3.000, — 3.500, — 4.000, — 4.500, — et 5.000 francs.

Ils reçoivent en outre une indemnité de 2.450 francs pour frais de bureau, de tournées et d'entretien de cheval.

Les administrateurs-adjoints sont répartis en quatre classes, dont les traitements sont respectivement de : 1.800, — 2.100, — 2.400, — et 2.700 francs. Ils reçoivent en outre une indemnité de 1400 francs pour frais de tournées et d'entretien de cheval, sans compter une première mise en campagne de 600 francs.

Les administrateurs et les adjoints peuvent, après six ans de stage dans la 1re classe, être promus à un traitement exceptionnel fixé à 5.500 francs pour les administrateurs et 3.000 francs pour les adjoints. Après un nouveau stage de six ans les administrateurs peuvent obtenir un traitement maximum de 6.000 francs.

Les adjoints de commune mixte sont recrutés par voie de concours et nommés par arrêtés du Gouverneur général; quant aux administrateurs ils sont choisis exclusivement parmi les adjoints de première classe portés au tableau de classement. (Arrêté de M. le Gouverneur général en date du 25 novembre 1897.)

Toutefois un tiers des emplois d'adjoint est réservé aux élèves ayant subi, avec succès, les examens de sortie des écoles du Gouvernement, aux élèves brevetés de l'Ecole coloniale (section Africaine), de *l'école des sciences politiques* ou de l'Ecole des langues orientales. (Arrêté de M. le Gouverneur général en date du 25 novembre 1897.)

II. *Administration centrale à Alger.* — L'administration centrale comprend :

	TRAITEMENT
1 Secrétaire général du Gouvernement..	20.000 fr.
3 Conseillers du Gouvernement........	12.000 —
3 Conseillers-rapporteurs adjoints	9.000 —

		TRAITEMENT
2	Directeurs................	de 12.000 à 15.000 fr.
7	Chefs de bureaux.........	de 7.000 à 9.000 —
12	Sous-chefs de bureaux....	de 5.000 à 6.000 —
12	Rédacteurs principaux....	de 3.300 à 4.000 —
22	Rédacteurs...............	de 1.800 à 3.000 —
18	Expéditionnaires.........	de 1.600 à 2.800 —

Les emplois de commis s'obtiennent par voie de concours.

Contrôleurs en Tunisie

Le service du contrôle civil en Tunisie comprend :

1° *Des contrôleurs titulaires :*

	TRAITEMENT
Contrôleurs de 1re classe..................	9.000 fr.
— 2e —	8.000 —
— 3e —	7.000 —

Sur les traitements ci-dessus, une somme de 1.000 francs est spécialement attribuée à titre de frais de tournées.

2° *Des contrôleurs suppléants :*

	TRAITEMENT
Contrôleurs suppléants de 1re classe.....	5.500 fr.
— 2e —	5.000 —
— 3e —	4.500 —

Sur les traitements ci-dessus, une somme de 500 francs est spécialement attribuée à titre de frais de tournées.

3° *Des contrôleurs stagiaires :*

Qui ont droit au traitement des secrétaires du contrôle de 1re classe, soit.. 2.400 fr.

Augmenté de l'indemnité annuelle de 500 francs accordée aux contrôleurs suppléants pour frais de tournées.

Le grade de *contrôleur civil stagiaire* est réservé aux élèves diplômés des écoles spéciales où sont enseignées la langue arabe et la législation des Etats musulmans : Ecole des langues orientales vivantes, Ecole coloniale, *Ecole des sciences politiques.* (Arrêté du Résident général de la République Française à Tunis, du 8 janvier 1897, art. 5.)

Les candidats au grade de *contrôleur civil suppléant* doivent être pourvus du certificat de connaissance d'arabe parlé. Ils doivent, en outre, avoir subi avec succès l'examen d'aptitudes administratives. Cet examen se passe à Tunis, deux fois par an, à la suite de la session des examens d'arabe. Il se compose de deux épreuves écrites : une sur l'histoire et géographie du bassin de la Méditerranée et de la Tunisie ; l'autre sur la législation tunisienne et attributions des contrôleurs. L'examen oral porte sur toutes les matières du programme.

Les matières de cet examen sont les suivantes : législation tunisienne ; — organisation et fonctionnement des différents services, attributions des contrôleurs civils ; — attributions des vice-consuls de France ; — attributions des juges de paix et des huissiers et greffiers de justice de paix ; — histoire de la Tunisie ; — géographie physique, politique et économique de la Tunisie ; — notions sur la géographie de l'Afrique ; — notions d'histoire générale du bassin de la Méditerranée.

Crédit Foncier de France

Le personnel du Crédit foncier de France se compose de :

	TRAITEMENT
Chefs de division..............	10.000 à 12.000 fr.
Sous-chefs de division.........	8.000 à 9.000 —
Chefs de bureau................	6.000 à 7.500 —

	TRAITEMENT
Sous-chefs de bureaux.........	4.500 à 5.500 fr.
Vérificateurs-rédacteurs principaux........................	4.500 à 5.000 —
Vérificateurs-rédacteurs........	2.600 à 4.000 —
Vérificateurs-rédacteurs stagiaires, commis principaux et employés comptables........	2.400 —

Les vérificateurs rédacteurs stagiaires sont nommés à la suite d'un concours auquel peuvent prendre part les employés du Crédit foncier comptant au moins deux ans de services, les *licenciés en droit*, les ingénieurs agronomes et les élèves diplômés des écoles d'agriculture; les agriculteurs ayant dirigé une grande exploitation, les architectes, les anciens notaires et avoués, les clercs de notaires et d'avoués ayant exercé pendant deux ans au moins.

Les candidats doivent être Français, et avoir accompli leur 21e année au moins et leur 35e année au plus, le 1er janvier de l'année où s'ouvre le concours.

Le concours a lieu à des dates irrégulières, suivant les besoins du service.

Les épreuves comprennent des compositions écrites et un examen oral.

Elles portent sur les matières suivantes :

Organisation politique, administrative et financière de la France. — Eléments d'économie politique et de finances. — Droit civil, procédure civile ; droit commercial. — Notions générales sur la propriété foncière en France. — Organisation et opérations du Crédit foncier de France. — Arithmétique et géométrie. — Géographie physique et administrative de la France.

Chemins de fer de l'Etat

Par décision du Directeur des Chemins de fer de l'Etat, en date du 30 novembre 1897, les élèves diplômés de l'*Ecole des Sciences politiques* ont été assimilés pour l'obtention du titre d'aspirant aux anciens élèves de l'École polytechnique. Ces candidats peuvent être admis, sans examen préalable, en qualité d'aspirants, et être commissionnés après un stage minimum de six mois.

ADMINISTRATION CENTRALE ET SERVICES CENTRAUX	TRAITEMENT	PRIME DE GESTION
Aspirants-rédacteurs..	1.800 fr.	
Rédacteurs...........	2.100 à 3.600 —	
Chefs de bureau......	4.500 à 6.000 —	1.000 à 1.500 fr.
Chefs de division.....	6.000 à 7.000 —	1.000 à 2.000 —
Chef de service.......	7.000 à 10.000 —	2.500 à 4.000 —

Commissaires-Contrôleurs des Sociétés d'Assurances contre les accidents du travail.

L'arrêté ministériel du 9 avril 1899 a fixé comme suit le cadre des commissaires-contrôleurs des sociétés d'assurances contre les accidents du travail :

Commissaire-contrôleur adjoint, 4.500 francs;
Commissaire-contrôleur de 4e classe, 6.000 francs;
Commissaire-contrôleur de 3e classe, 7.000 francs;
Commissaire-contrôleur de 2e classe, 8.000 francs;
Commissaire-contrôleur de 1re classe, 10.000 francs.

Ces émoluments ne sont point soumis à retenues pour pensions civiles

A l'expiration de leur première année de service, les

commissaires-contrôleurs adjoints sont l'objet d'un rapport adressé par leur chef de service au ministre. Ce rapport rend compte de leurs aptitudes, de leur conduite et de leur manière de servir; il est accompagné de leurs principaux travaux (art. 2).

La nomination à l'emploi de commissaire-contrôleur se fait à la dernière classe de cet emploi.

Les avancements de classe ont lieu au choix et sont effectués d'une classe à la classe immédiatement supérieure.

Services civils de l'Indo-Chine

Le décret du 16 septembre 1899 règlemente la hiérarchie, l'avancement et les traitements du « Personnel des services civils de l'Indo-Chine ».

La hiérarchie et les traitements sont fixés ainsi qu'il suit :

	TRAITEMENT	
	d'Europe	colonial
Inspecteurs des services civils..	10.000 fr.	20.000 fr.
Administrateurs de 1re classe...	9.000 —	18.000 —
— 2e — ...	7.500 —	15.000 —
— 3e — ...	6.500 —	13.000 —
— 4e — ...	5.000 —	10.000 —
— 5e — ...	3.500 —	7.000 —
— stagiaires......	3.000 —	6.000 —
Commis de 1re classe...........	3.000 —	6.000 —
— 2e —	2.500 —	5.000 —
— 3e —	2.000 —	4.000 —

Le décret fixe ainsi qu'il suit les règles pour le recrutement du personnel :

Les inspecteurs, les administrateurs, de 1re, 2e, 3e et 4e classe sont nommés par décret du Président de la République, rendu sur la proposition du ministre des Colonies et sur la présentation du gouverneur général de l'Indo-Chine.

Les administrateurs de 5e classe, les administrateurs stagiaires et les commis sont nommés par arrêtés du gouverneur général.

Les candidats aux emplois prévus par le présent décret doivent justifier de la qualité de Français et avoir satisfait aux obligations imposées par la loi sur le recrutement de l'armée.

Les emplois de commis de 3e classe sont réservés, sauf les exceptions prévues aux dispositions transitoires, aux candidats qui, réunissant les conditions prévues à l'article 9 ci-dessus, son âgés de vingt ans au moins, de trente ans au plus et sont pourvus d'un diplôme de bachelier.

Les emplois de commis de 2e classe sont attribués aux commis de 3e classe comptant plus de dix-huit mois de services effectifs dans leur classe, et aux candidats réunissant les conditions générales imposées pour la nomination aux emplois de commis de 3e classe, et pourvus de deux diplômes de bachelier ou du diplôme de licencié en droit.

Les emplois de commis de 1re classe sont attribués aux commis de 2e classe comptant plus de dix-huit mois de services effectifs dans leur classe ; aux candidats pourvus du diplôme de docteur en médecine, de licencié ès lettres, de licencié ès sciences ou de docteur en droit; aux candidats qui, pourvus d'un diplôme de bachelier, sont munis, en outre, soit du diplôme de l'Ecole des Chartes, de l'Ecole des langues orientales vivantes, de l'Ecole des hautes études commerciales, d'une Ecole supérieure de commerce reconnue par l'Etat, de l'Institut national agronomique ou de l'*Ecole des Sciences politiques*, soit d'un certificat attestant qu'ils ont satisfait aux examens de sortie de l'Ecole polytechnique, de l'Ecole spéciale militaire, de l'Ecole navale, de l'Ecole nationale supérieure des mines, de l'Ecole des ponts et chaussées, de l'Ecole centrale des arts et manufactures ou de l'Ecole des mines de Saint-Etienne.

Les élèves de l'Ecole coloniale inscrits à la section indochinoise qui ont satisfait aux examens de sortie de cette école sont nommés administrateurs stagiaires dans la limite des emplois vacants.

Les emplois d'administrateur de 5e classe sont attribués aux administrateurs stagiaires ayant au moins un an de services effectifs en Indo-Chine ; aux commis de 1re classe comptant au moins un an de services effectifs dans leur classe ; aux commis rédacteurs de 2e classe de l'administration centrale des colonies ayant au moins six mois de services effectifs dans leur classe ; aux commis rédacteurs de 3e classe de l'administration centrale des colonies ayant au moins dix-huit mois de services effectifs dans leur classe; aux lieutenants ou officiers assimilés des armées de terre et de mer en activité ayant quatre années de grade d'officier, dont deux passées en Indo-Chine; aux conseillers de préfecture en activité comptant au moins quatre années de services dans l'administration métropolitaine.

CHAPITRE XI

CONCLUSION

§ I

RÉCAPITULATIONS DES CARRIÈRES PRINCIPALES AUXQUELLES DONNENT ACCÈS DE PRÉFÉRENCE LES CYCLES ET SECTIONS QUI VIENNENT D'ÊTRE DÉCRITS.

Premier cycle

Section A.......	De même qu'à la section A du second cycle.
Section B.......	Ecoles nationales d'arts et métiers ; Ecoles supérieures de commerce reconnues par l'Etat ; Ecole nationale des Beaux-Arts ; Surnumérariat des postes et télégraphes ; Surnumérariat des douanes ; Ecoles normales primaires ; Ecoles pratiques d'agriculture ; Ecoles des maîtres ouvriers mineurs d'Alais et de Douai.

Deuxième cycle

Section	Carrières	
Section A : Latin-Grec	Le professorat de lettres (licences et agrégations);	
	La licence et le doctorat en droit.........	Avocats; avoués; officiers ministériels; rédacteurs dans les ministères et les grandes administrations; auditeur au Conseil d'Etat, à la Cour des comptes; Commissariat de la Marine, des Colonies; Conseillers de préfecture, Consulats, Ambassades, Chancelleries; inspecteurs des finances, des Colonies.
Section B : Latin-Langues vivantes	Ecoles Polytechnique, Saint-Cyr, Navale, de Médecine, de Pharmacie, des Langues orientales.	
Section C : Latin-Sciences	Id., suivant les goûts.	
Section D : Sciences-Langues vivantes	Professorat de sciences (Licence, agrégation); Ecole supérieure d'électricité; Ecole centrale; Ecoles supérieures des Mines, des Ponts et Chaussées; des mines de Saint-Étienne; commis et conducteurs des Ponts et Chaussées; contrôleur des Mines; commissaire de surveillance administrative des chemins de fer; vérificateur des poids et mesures;	

Section D : Sciences-Langues vivantes........	Institut agronomique ; Ecoles nationales d'agriculture ; Ecole coloniale. Administrateurs de l'Algérie et des Colonies. Fonctionnaires du Contrôle en Tunisie, administrateurs coloniaux, Crédit Foncier de France, Inspecteurs du Travail, Contrôleurs des Sociétés d'assurances contre les accidents du Travail.

§ II

CONCLUSION

La conclusion de cette brochure ne manquera pas d'optimisme.

Il nous semble, en effet, que les débouchés s'offrent en nombre aux élèves de l'enseignement secondaire et qu'ils se multiplient même avec les complications administratives, industrielles, commerciales de notre vie moderne.

Seulement il faut prendre la peine de *connaître* ces débouchés et, une fois qu'on les connaît, se *déterminer* rapidement pour l'un d'entre eux.

***

Ce sont là deux précautions que se gardent bien de prendre les fils de notre bourgeoisie française.

Entrant dans l'enseignement secondaire pour se conformer à une tradition familiale, ils arrivent au baccalauréat comme des chevaux de course poussés sur l'obstacle.

Et le dernier élan leur fait passer la porte de quelque faculté à la faveur de laquelle ils se créent jusqu'à vingt-cinq ou trente ans des loisirs honorables.

En sortent-ils avec quelques connaissances ? Elles furent amassées sans intention ? Avec des grades ? Ils ont été pris sans but.

Ayant ainsi fait de leurs études des jeux de prince, la maturité les surprend, licenciés, docteurs, parfois, sans grades, souvent inutiles et incapables plus souvent encore.

***

Pour réussir, il faut un but, et pour avoir un but, il faut s'être donné la peine de le trouver.

Loin de nous la pensée de les avoir indiqués tous aux jeunes gens qui de chaire en chaire, durant trop d'années, se laissent vivre jusqu'à la philosophie ou jusqu'aux mathématiques.

Notre intention a été seulement de les engager, par les exemples donnés, à se *spécialiser* le plus rapidement possible, à *prendre connaissance*, à peine adultes, de leurs forces physiques et mentales, ainsi que de leurs ressources, à *choisir* dès lors, sans jamais perdre de vue le but proposé.

C'est l'infaillible moyen pour eux de se faire une place au soleil, soit qu'ils traduisent Tite-Live, soit qu'ils résolvent une équation du second degré, soit qu'ils étudient les lois de la chute des corps.

Car l'essentiel dans la vie, ce n'est d'être ni un cerveau d'élite, ni un homme riche, c'est d'abord *de regarder en soi et autour de soi*, ensuite, muni de cette double expérience, *d'agir pour une fin déterminée.*

TABLE ANALYTIQUE DES MATIÈRES

CHAPITRE PREMIER

Les anciens baccalauréats et le nouveau baccalauréat

CHAPITRE II

Le nouveau programme de l'Enseignement secondaire

CHAPITRE III

Le nouveau baccalauréat

APPENDICE A CE CHAPITRE

CHAPITRE IV

Cours préparatoires

CHAPITRE V

Premier cycle. — Première section. — Latin et latin-grec

CHAPITRE VI

Premier cycle. — Seconde section. — Ni latin, ni grec. — Sciences. Langues vivantes

CHAPITRE VII

Second Cycle. — Section A. — Latin, Grec

Classes de deuxième et de première : première partie du Baccalauréat. — Classe de philosophie : seconde partie du Baccalauréat.

CHAPITRE VIII

Second Cycle. — Section B. — Latin, Langues vivantes

Classes de deuxième et de première : première partie du Baccalauréat. — Classe de philosophie : seconde partie du Baccalauréat.

CHAPITRE IX

Second Cycle. — Section C. — Latin, Sciences

CHAPITRE X

Second Cycle. — Section D. — Sciences, Langues vivantes

Classes de deuxième et de première : première partie du Baccalauréat. — Classe de mathématiques : seconde partie du Baccalauréat.

CHAPITRE XI

Conclusion

TOURS, IMPRIMERIE DESLIS FRÈRES, 6, RUE GAMBETTA, 6.

www.ingramcontent.com/pod-product-compliance
Ingram Content Group UK Ltd.
Pitfield, Milton Keynes, MK11 3LW, UK
UKHW021037230726
13926UKWH00004B/1528

9 782013 541770